Robert Salzer

Die syrischen Kaiser Heliogabalus und Severus Alexander. I.

Abtheilung Heliogabalus

Robert Salzer

Die syrischen Kaiser Heliogabalus und Severus Alexander. I. Abtheilung Heliogabalus

ISBN/EAN: 9783743606449

Hergestellt in Europa, USA, Kanada, Australien, Japan

Cover: Foto ©Paul-Georg Meister /pixelio.de

Manufactured and distributed by brebook publishing software (www.brebook.com)

Robert Salzer

Die syrischen Kaiser Heliogabalus und Severus Alexander. I.

Abtheilung Heliogabalus

Die syrischen Kaiser

Heliogabalus und Severus Alexander.

Von

Robert Salzer,

Professor.

I. Abtheilung. Heliogabalus.

Beigabe zu dem Herbstprogramme des Großherzoglichen Lyceums zu Heidelberg für das Schuljahr 1865—66.

Heidelberg.
Druck von A. H. Avenarius.
1866.

Einleitung.

Als Augustus die Executivgewalt des römischen Staates in seiner Person vereinigte, blieb doch dem Senate sein früherer Geschäftskreis und dem Volke die Souveränetät. Tiberius übertrug die Ausübung derselben an den Senat, welche dieser behielt, so lange er Reichsbehörde blieb. Freilich konnte er nur so weit seinen Rechtsanspruch praktisch geltend machen, als es der jedesmalige Imperator duldete. Das Recht aber, die Executivgewalt an den Kaiser in legaler Weise zu übertragen, blieb dem Senat, wenn es auch nur eine leere Form war. Dagegen verlor er bald den größten Theil seines Einflusses auf die Staatsverwaltung, indem sich der Kaiser seinen eigenen Kreis von Rathgebern bildete und dem Senate fast nichts mehr als die Bestätigung der Beschlüsse seines Rathes übrig ließ. Dieser Rath ist das aus der cohors amicorum principis hervorgegangene consilium principis, unter dessen Mitgliedern sich jedoch immer eine Anzahl von Senatoren befand, so daß das consilium als eine Art von Ausschuß des Senates gelten kann. Seine bis auf Constantin ziemlich stabil gebliebene Organisation erhielt dieses Collegium von Hadrian, der zuerst auch Rechtsgelehrte von Fach in dasselbe aufnahm. Sie wurden die treuesten und consequentesten Werkmeister des kaiserlichen Absolutismus, welcher mit der Militärgewalt vereinigt zu dem unerhörten Despotismus führte, wie er namentlich, seit Severus den Thron bestiegen, mit Verachtung der

Formen des Staatslebens aus der Zeit der Antonine mit wenig Ausnahmen vom Beginn des dritten Jahrhunderts bis auf Constantin herrschte.

Während die kaiserliche Macht nivellirend Senat und Volk ihrer unbeschränkten Willkür unterwarf und ohne Rücksicht auf nationale Abkunft die brauchbarsten Werkzeuge aus allen Provinzen auswählte, breitete sich die römische Gesittung mit den specifisch römischen Formen der Justiz und Verwaltung über das Ganze des Reiches gleichmäßig aus und mit der Verleihung des römischen Bürgerrechts an alle Provincialen unter Caracalla, war der der Kaiserzeit eigenthümliche Ausgleichungsproceß zwischen Rom, Italien und den Provinzen vollendet und die culturhistorische Arbeit der Kaiserzeit vollbracht.

Aber nicht bloß in den untergeordneten Sphären der Reichsregierung erwarb sich das provincielle Element seine Stellung. Der kaiserliche Thron selbst war nun kein Privilegium Roms und Italiens mehr und seit Trajans Zeiten lieferten in steigendem Maaße die Provinzen die Männer, welche die höchste Macht erlangten und zuletzt mit Vollendung des Militärdespotismus waren es gerade die am wenigsten romanisirten Theile des Reiches, welche die größten Contingente für den Thron stellten.

Vom Ende des zweiten Jahrhunderts an, kam das Schicksal des Reiches auf fünfzig Jahre hinaus in die Hand der aus Afrika stammenden Familie des Septimius Severus und durch Verwandtschaft mit ihm in die eines Syrien angehörigen Geschlechtes. Die Zeit, in welcher diese dem verachteten Volke der Syrer angehörigen Verwandten von Severus Gemahlin dem römischen Reiche vorstanden, ist der Gegenstand der nachfolgenden Darstellung, die sich vorerst mit der Herrschaft Heliogabals beschäftigen soll, während die Severus Alexanders den Stoff zu einer zweiten Abhandlung bilden wird.

Erste Abtheilung.

M. Aurelius Octavius, genannt Heliogabalus.

Lange bevor Septimius Severus zur höchsten Macht gelangte, trug er, der auf's festeste an Orakel, Träume und Astrologie glaubte, sich mit ehrgeizigen Gedanken und wählte, als er sich zum zweiten Male vermählen wollte, aus den ihm vorgeschlagenen Frauen Diejenige aus, der das Horoskop eine Krone in Aussicht stellte. Es war Julia Domna,[1] welche aus einer angesehenen Familie in Emesa stammte. Ihr Vater Bassianus[2] war Priester des syrischen Gottes Elagabalos oder Heliogabalos, der von allen Völkern und Fürsten Vorderasiens hoch verehrt wurde,[3] und dieses Priesteramt war wahrscheinlich seit dem Emporkommen seines Hauses durch die Verwandtschaft mit dem Kaiser in seiner Familie erblich.

Aus Severus Ehe mit Julia Domna entsproßten zwei Söhne, Bassianus Caracalla und Geta, welche nach ihren Großvätern benannt waren. Julia zeichnete sich durch einen klaren Verstand und eine seltene Bildung aus, aber sie führte einen höchst ungeordneten Lebenswandel. Dieß scheint im Verein mit der Beschuldigung einer Verschwörung gegen das Leben des Severus durch dessen Günstling Plautianus das Verhältniß der beiden Gatten schwer beeinträchtigt zu haben. Zwar entging Julia Domna wiewohl nur mit genauer Noth der Lebens-Gefahr, sie suchte aber von nun an, statt in der Politik, Beschäftigung ihres lebhaften Geistes im Umgang mit Philosophen und Sophisten. Sie begünstigte die Richtung zum Mystischen und Wunderbaren, welche bald im Neuplatonismus zur Herrschaft kam. Dennoch befreite sie erst Plautians Tod von der noch immer ihr drohenden Gefahr.

Nachdem im Jahr 211 Caracalla und Geta Alleinherrscher geworden waren, suchte sie vergebens zwischen den feindlichen Brüdern zu vermitteln. Aber nach Caracalla's Brudermord kam sie bei ihrem Sohne schnell zu hoher politischer Bedeutung, sei es, daß das alexandrinische Witzwort" begründet ist, oder, daß ihr Verstand sie emporbrachte. Sie versah für ihren Sohn gewissermaßen die Stelle eines magister scrinii;[5] wurde in allen Briefen Caracalla's an den Senat als Augusta namentlich und mit hohem Lob aufgeführt, ja sie gab gleich Caracalla selbst Audienz in Staatsangelegenheiten, verwendete aber ihren Einfluß auf ihren Sohn dazu, dessen Tollheit und Willkür nach Kräften zu hintertreiben.

Dio Cassius äußert sich zwar tadelnd darüber, daß eine Frau solchen Einfluß auf die Geschäfte ausübe, aber über ihre Geschäftsführung selbst weiß er nichts Nachtheiliges, obgleich ihr fast Alles selbstständig zur Erledigung überlassen war, als Caracalla sich auf seinem Feldzug gegen die Parther befand.

An der Seite dieser geistvollen und geschäftsgewandten Frau lebte die ganze Zeit über, seit Severus die Herrschaft erlangt hatte, ihre Schwester Mäsa,[6] eine Frau, die ebenso ehrgeizig und verständig war als ihre Schwester. Sie benützte mit der den Syrern und Semiten überhaupt eigenen Geldgier und Verschmitztheit diese Zeit, um ungeheure Reichthümer anzusammeln.[7] Sie war mit Julius Avitus vermählt, einem Manne consularischen Ranges, der unter Caracalla bedeutende Aemter verwaltete. Gerade um die Zeit von Caracalla's Ermordung starb er in Cypern als Assessor des dortigen Statthalters.[8]

Durch Caracalla's Tod und Macrinus Erhebung wurden beide Schwestern plötzlich aus der Fülle von Macht und Einfluß in die Stellung von Privatpersonen zurückgestoßen. Julia fürchtete, daß Macrinus, der Mörder ihres Sohnes, auch sie als Theilnehmerin an dessen Regierung und als natürliche Feindin verfolgen würde. Als aber Macrinus aus Furcht vor dem Heere durchaus nichts an ihrer Stellung ändert, ihr die Leibwache ließ und freundlich schrieb, machte ihre Entmuthigung neuer Hoffnung Platz und sie begann eben so schnell sich zu überheben, als sie auf die Todesnachricht von ihrem Sohne so sehr den Muth verloren hatte, daß sie sich durch Hunger hatte tödten wollen.

Sobald sie nämlich die schwierige Stellung Macrins sah, seitdem sich die Kunde unter dem Heere verbreitet hatte, wer Caracalla's Mörder sei und Macrins politische Fehler zu Tage traten, begann sie die sie beschützenden Prätorianer zu bearbeiten und scheint, einer Nitokris oder Semiramis gleich, selbst nach der Herrschaft gestrebt zu haben,⁹ ein Unternehmen, das, mit Mäsas glücklich durchgeführtem Aufstand gegen Macrinus zusammengehalten, schon damals nicht ohne Aussicht auf Erfolg war.

Als Macrinus, dessen freundliches Schreiben an Julia Domna von dieser als Schwäche ausgelegt worden war, von den Umtrieben erfuhr, entzog er zwar derselben die Leibwache, ließ sich jedoch zu keinem gewaltsamen Schritt verleiten, sondern befahl ihr und ihrer Schwester bloß, sich in ihre Heimath Emesa zurückzuziehen. Der ganze ungeheure Reichthum aber, den Mäsa angesammelt, blieb ihnen. Seit vielen Jahren schon litt Julia Domna am Brust-Krebs. Die Verweisung nach Emesa und zugleich die Nachricht von dem Jubel in Rom über den Tod ihres Sohnes raubte ihr, die schon hochbetagt und physisch durch die schwere Krankheit geschwächt war, den letzten Rest von Lebensmuth. Sie tödtete sich durch Hunger.

Mäsa, die noch weniger genossen hatte und nicht durch Krankheit niedergebeugt, zäher am Leben und ihren Schätzen hing, griff bald den Empörungsplan ihrer Schwester mit frischem Muthe wieder auf, als sie die sowohl wegen des unglücklichen Feldzugs gegen die Parther, als wegen der Soldverminderung und des Versuches strafferer Disciplin wachsende Schwierigkeit für Macrins Stellung sah und die dumpfe Gährung der Soldaten sogar vor den Thoren ihrer eigenen Heimath Emesa inne wurde.¹⁰

... Sie stand in Emesa als Haupt einer zahlreichen, mit dem früheren Kaiserhaus verwandten, begüterten und einflussreichen Familie in hohem Ansehen. Alle Glieder der Familie und ihr ganzer Anhang hatten große Aussichten durch den Tod Caracalla's verloren, und es standen ihnen von einer Veränderung der Dinge in ihrem Interesse die größten Vortheile in Aussicht.

Julia Mäsa hatte von ihrem verstorbenen Gemahle Julius Avitus zwei Töchter: Julia Soämis Bassiana und Julia Mamäa.[11] Beide waren als junge Mädchen[12] am Hofe ihrer Muhme in Rom gewesen. Darauf wurde ein Plan gegründet, der Familie die Herrschaft wieder zu erwerben. Es war bekannt, daß der kaiserliche Hof keine Musteranstalt weiblicher Sitte gewesen und des Caracalla lascives Leben stand noch Jedermann in frischer Erinnerung. Caracalla aber war, wie natürlich, häufig in Mäsas Haus gekommen und es ist leicht möglich, daß er seine begehrlichen Blicke auch auf die beiden jungen Verwandten geworfen habe. Dies wurde nun für gewiß ausgegeben und die Söhne der Beiden für natürliche Abkömmlinge des Caracalla ausgegeben.[13] Die Mädchen wurden jedoch so bald vermählt, und zwar an Landsleute aus Syrien, daß man die angeblich von Caracalla stammenden Kinder bisher für legitim in der Ehe erzeugt angesehen hatte.

Die ältere der beiden, Julia Soämis Bassiana, war an Sextus Varius Marcellus von Apamea vermählt, welcher im Mai 218 bereits gestorben war und außer dem nachmaligen Kaiser Heliogabalus noch andere Kinder hinterließ.[14] Er hatte die höchsten Stellen der Verwaltung, sogar als Stellvertreter das Amt eines praefectus praetorio inne gehabt, die höchsten Besoldungen bezogen und zuletzt noch Numidien verwaltet. Da er auch procurator aquarum gewesen, so besaß er consularischen Rang. Die Verwandtschaft mit dem kaiserlichen Hause hatte ihm also gute Früchte getragen.

Nach Verweisung von Julia Domna und Mäsa in ihre Heimath finden wir Soämis und wohl auch Mamäa ebenfalls daselbst. Die beiden Enkel der Mäsa, Varius Avitus und Alexianus Bassianus,[15] der letztere ein Sohn der Mamäa und des Gessius Marcianus, hatten Anspruch auf das in der Familie erbliche Priesteramt des syrischen Gottes Elagabal, und der ältere von ihnen, Varius Avitus, fungirte auch als Priester des Gottes.[16]

Dieses Amt gewährte zugleich beiden männlichen Sprößlingen der Familie Sicherheit vor einer immerhin möglichen Verfolgung durch Macrin; denn der Tempel des Elagabal besaß Asylrecht.[17]

Varius Avitus, der junge Priester des Elagabal, zeichnete sich durch große Schönheit, Ebenmaß der Glieder und für sein Alter von vierzehn Jahren[18] durch Größe und Mannbarkeit aus. Der Tempel des Gottes stand weit und breit im größten Ansehen und wurde von allen Großen und Fürsten Vorder-Asiens zum Theil jährlich mit Weihgeschenken bedacht.[19]

Auch das Orakel des Gottes besaß großes Ansehen. Der Dienst des Gottes wurde mit großem Glanz und Pomp, mit Gesängen, lärmender Musik und Tänzen[20] unter großem Zulaufe gefeiert, wobei die Schönheit des jungen Priesters, gehoben durch seinen reichen Schmuck und die kostbaren Gewänder, welche aus buntem Seidenstoffe, Gold und Edelsteinen bestanden und bis auf die Füße herabflossen, eine nicht geringere Anziehungskraft ausübten, als die Gottheit selbst. Die Soldaten aus dem Standlager der dritten gallischen Legion,[21] das vor den Thoren der Stadt Emesa sich befand, wurden von derselben Anziehungskraft gefesselt und es entging Mäsa nicht, wie sehr ihr Enkel die Aufmerksamkeit des Kriegsvolks fessele, unter dem auch eine Anzahl ihrer Clienten diente. Diesen letzteren, welche vor dem Enkel ihrer mit dem Kaiserhaus verwandten Patrone besondere Ehrfurcht hatten, theilte Mäsa mit, daß Varius Avitus ein natürlicher Sohn Caracalla's, des Abgottes der Soldaten, sei.[22] Ihr Reichthum erhöhte das Interesse an der Abkunft des Varius Avitus, und als auf ihn als den rechtmäßigen Erben und Nachfolger Caracalla's hingedeutet wurde, machte der Gedanke an eine Schilderhebung gegen Macrin, unterstützt von freigebigen Versprechungen und Geldaustheilungen, schnell Propaganda, erst unter den Clienten Mäsa's, dann unter der Menge der Legion selbst, welche ohnehin in übler Stimmung gegen Macrinus war.

Noch war der Plan nicht zur vollen Reife gediehen, als ein gewisser Eutychianus, der durch Caracalla aus niedrigem Stand emporgekommen und von Ehrgeiz und Orakelsprüchen[23] zu Gunsten des Unternehmens erhitzt war, einen gewissen Gannys, einen von Mäsa auferzogenen und begünstigten Sklaven, der jetzt der Geliebte der Soämis war, für eine rasche Ausführung desselben ohne Vorwissen Mäsa's gewann.

Eutychianus und Gannys sammelten den Anhang der Familie um sich, gewannen Senatoren aus Emesa,[24] indem sie Avitus Abstammung von Caracalla kundmachten und ließen sich, von den Senatoren begleitet, in der Nacht vom 15. auf den 16. Mai sammt Avitus heimlich ins Lager der Legion einführen,[25] nachdem sie den Prätendenten in die Lieblingstracht des Caracalla gekleidet hatten. In der Nacht noch wurden die Legionäre, die von der vorgeblichen Abstammung von Caracalla schon unterrichtet waren, für eine Erhebung des Avitus auf den Thron bearbeitet. Mit Begierde schlossen sich die Soldaten an die neue Sache an, die jetzt schon Geld abwarf und außerdem ein reiches donativum verhieß.

Mit Tagesanbruch am 16. Mai 971 oder 218 n. Ch. war das Lager vollständig in den Händen des Eutychianus, und Mäsa, die jetzt von der Sache erfuhr, begab sich dahin mit ihrer ganzen Familie, mit Hab und Gut. Die Thore wurden verrammelt und Alles gethan, um nöthigenfalls eine Belagerung aushalten zu können.[26]

Julianus, einer der Praefecti praetorio des Macrinus[27] befand sich noch in der Nähe von Emesa, das er vor Kurzem verlassen hatte. Er kehrte mit seiner Bedeckung, aus maurischen Auxiliarreitern bestehend und einigen in der Nachbarschaft zusammengerafften Truppen, sogleich dahin um und griff das Lager an. Die maurischen Truppen, die für ihren Landsmann Macrinus tapfer kämpften, hatten schon einige Thore des Lagers erbrochen, als Julian, sei es, weil er den Hauptkampf innerhalb der Thore erst noch erwartete, oder weil er seine Ueberlegenheit hinlänglich gezeigt zu haben glaubte, um eine freiwillige Unterwerfung hoffen zu können, den Befehl zum Rückzug gab. Dies rettete die Empörer.

In der auf den Angriff folgenden Nacht fanden sie Zeit zur besseren Verrammlung der Thore, und als Julian, der vergebens auf ihre Unterwerfung gewartet hatte, am nächsten Morgen wieder angriff, richtete er nichts aus. Die Soldaten auf den Wällen riefen ihren Waffengefährten zu, den Macrinus zu verlassen und sich dem wahren Erben des Reiches, dem Sohne ihres Wohlthäters Caracalla, zuzuwenden. Zugleich führten sie den Avitus selbst, welchen sie bereits M. Aurelius Antoninus nannten, auf dem Walle umher und zeigten Gemälde aus der Jugendzeit Caracalla's, um des Avitus Aehnlichkeit mit diesem und seine Abkunft von ihm zu beweisen. Auch schüttelten sie die mit Geld wohlgefüllten Beutel, welche sie als Preis des Abfalls schon davongetragen hatten. Als nunmehr der ehemalige cubicularius des Caracalla, Festus, welchem schon dieselbe Stelle bei Avitus ertheilt worden war, von Eutychianus vor das Lager gesendet wurde und den Soldaten, die bereits zu schwanken anfingen, die Stellen der von ihnen ermordeten Centurionen und Unterofficiere versprach und gleichzeitig Avitus selbst von der Mauer herab in einer Rede, die man ihm eingelernt hatte, den Caracalla lobte, den Macrinus als dessen Mörder anklagte, die Wiederherstellung des früheren von Macrinus verkürzten Soldbezuges, ein ungeheures donativum und Rückberufung aller Verbannten versprach: da riß [20] allgemeiner Abfall ein, die widerstrebenden Centurionen und Unterofficiere wurden erschlagen und mit genauer Noth nur rettete sich Julianus ganz allein durch die Flucht. Doch wurde er bald in einem Verstecke aufgefunden und ihm der Kopf abgeschnitten. Die Kunde von dem Geschehenen brachte den Aufständischen, an deren Spitze die einzelnen Glieder von Mäsa's Familie sich stellten, so zahlreiche

Ueberläufer, daß sie die Offensive ergreifen konnten.²⁹ Es brangen rasch kleine Streifpartheien gegen Antiochia vor, in dessen Nähe eine größere Anzahl Truppen vom parthischen Feldzug her sich noch in Standlagern befand. Unter den also Vordringenden befanden sich auch ein Schwiegersohn und eine Tochter Mamäas,³⁰ welche von einem der Befehlshaber des Macrinus gefangen und getödtet wurden. Gessius Marcianus, der Gemahl Mamäas, brang auf die Kunde davon eilig vor, aber er fand seinen Gegner verstärkt, wurde von ihm angegriffen und in dem Gefechte selbst getödtet. Allein da die Zahl der Truppen, welche von Macrins Seite in den Kampf gebracht worden war, zu gering war, um weiter vorzubringen, so machte der eben siegreiche General derselben Halt, und wartete auf Macrinus Ankunft.³¹

Als dieser durch Julian die erste Nachricht von dem Aufstand erhalten hatte, legte er mit dem ihm und seinen Landsleuten eigenen Leichtsinn, der ganzen Sache keine Wichtigkeit bei.³² Denn das ganze Unternehmen schien ihm wahnsinnig und hoffnungslos. Aber beim ersten Unfall fing er an zu zagen und unsicher in seinem Handeln und Entschließen zu werden, so daß auch eine Minderzahl von energischen und zu Allem entschlossenen Leuten in Vortheil gegen ihn kommen mußte. So machte ihn denn auch die rasche Verbreitung des Aufstandes und das kühne Vorbringen desselben bis in die Nähe von Apamea über die Maaßen besorgt und er wendete sich zur Beschwichtigung der Gährung unter seinen Truppen zu Maßregeln, die seine schwächliche Furcht schlecht verhehlten. Er kam eilends selbst nach Apamea, wo die albanische³³ Schaar der Prätorianer stand, ließ seinen erst zehnjährigen Sohn Diadumenianus zum Augustus erheben, um Veranlassung zu einem Donative zu haben, versprach jedem Soldaten 5000 Drachmen,³⁴ vertheilte auch sogleich Mann für Mann 1000, ließ den Soldaten die ganze zu Caracalla's Zeit übliche Naturallieferung wieder zukommen und was er ihnen sonst genommen hatte. Er schrieb auch nach Rom und kündigte dem Volke für die Erhebung seines Sohnes ein Congiarium von

150 Drachmen an, erwähnte aber nichts von dem Aufstande, damit die Spende nicht durch seine Gefahr erpreßt zu sein scheine.

Während Macrinus das in Apamea anordnete, brachte ihm ein gemeiner Soldat ein mit Julians Siegel versehenes Packet,³⁵ worin, wie der Ueberbringer aussagte, ihm das Haupt des Avitus übersendet werde. Als Macrin aber das Siegel erbrochen hatte, starrte ihn das Haupt seines Präfecten Julianus an.³⁶ Das machte so furchtbaren Eindruck auf ihn, daß er alsbald nicht nur seinen Plan, gegen das aufständige Lager vorzugehen, aufgab, sondern nicht einmal in der Gegend von Apamea zu bleiben wagte.

Allein so bald sich Macrin nach Antiochia zurückbegeben hatte, fielen auch die Albanier von ihm ab,³⁷ die mit der strengen Disciplin ihres bisherigen Führers Triccianos unzufrieden waren;³⁸ und ihrem Beispiele folgten alle andern bei Apamea im Winterquartier stehenden Truppen.

Gleich nach diesem wichtigen Erfolg des Aufstandes begann ein lebhafter Depeschenwechsel nach allen Standquartieren der Truppen von beiden Parteien aus, wodurch Mord und Aufstand in jeden Truppenkörper getragen wurden.³⁹

Erst jetzt schrieb Macrin an den Senat und die Statthalter über den Aufstand, nannte denselben aber auch jetzt noch die That eines thörichten Knaben. Dem praefectus urbi Marius Maximus jedoch berichtete er ausführlich über die Mißstimmung der Soldaten, nicht bloß der Neuangeworbenen mit Soldverkürzung bedrohten, sondern auch der andern und stellte trübe Betrachtungen an einerseits über die Unmöglichkeit, jetzt die Bezüge aus Caracalla's Zeit zu verweigern, andererseits über die Schwierigkeit den von Caracalla verursachten Mehraufwand von 70 Millionen Drachmen aufzubringen: Alles das als Vorbereitung auf die Nachricht von seiner Nachgiebigkeit gegen die Soldaten.⁴⁰

Schon zeigte sich im Senat bei Verlesung jenes Briefes einige Opposition⁴¹ und diese wuchs auch unter der Masse in Rom, als die erste Depesche von den Aufständischen mit den in Apamea von Macrin zurückgelassenen Papieren einlief,⁴² aus denen Macrins wahre Gesinnung gegen Caracalla und die Soldaten hervorging. Ein neuer Brief, in welchem Macrin die Erhebung seines Sohnes zum Augustus anzeigte, machte einen noch schlechteren Eindruck durch die Schmähungen auf seinen Gegner Avitus, den man lügenhafter Weise für einen Sohn des Antoninus ausgebe und sogar Antoninus heiße. Und doch hatte er seinem eigenen Sohn diesen Namen beilegen lassen,⁴³ auf den derselbe noch weniger Anspruch hatte. Dennoch hielt der Senat treu zu Macrin und hatte bei der ersten Nachricht vom Aufstand den Avitus wie seine Familie für Feinde des Vaterlandes erklärt und nur seinen Anhängern Amnestie bewilligt, wenn sie sich unterwerfen würden; aber in ihrem Herzen waren die Senatoren trotz ihrer officiellen Redensarten und Zustimmungen unzufrieden mit der Benennung Antoninus, welche Macrin seinem Sohne hatte beilegen lassen.⁴⁴

So stand es in Rom. In Syrien aber konnte sich Macrinus selbst auf die Nachricht von dem allgemeinen Abfall bei Apamea nicht zu energischen Entschlüssen aufraffen und so kam es, daß ihn die Aufständischen zum zweiten Mal überraschten. Sie rückten mit solcher Schnelligkeit auf Antiochia los, daß Macrinus sie schon auf 5 Meilen Entfernung von Antiochia vorgerückt fand, wie er sich endlich gegen sie in Bewegung setzte.⁴⁵

Sie hatten noch großen Mangel an namhaften Führern; aber die ganze Verwandtschaft des Avitus befand sich beim Heer und an seiner Spitze stand Gannys, der Geliebte der Soämis, der bisher nur durch sein üppiges und weichliches Leben bekannt war. Unerwartet zeigte er jetzt den Blick des Feldherrn, nahm die günstigsten Stellungen und traf die besten Anordnungen, ohne je sich mit dem Kriegshandwerk beschäftigt zu haben.⁴⁶

Als die Schlacht begonnen hatte, zeigte sich die Tapferkeit der Prätorianer, welche Macrin der Hitze wegen die schweren Panzer hatte ablegen lassen, den disciplinlosen

Gegnern, die sich auch noch schlecht schlugen,⁴⁷ überlegen⁴⁸ und drängte sie zurück. Allein Mäsa und Soämis, welche die Gefahr erkannten, sprangen von ihren Wagen herab⁴⁹ und warfen sich mit Bitten und Vorstellungen den Flüchtigen entgegen. Avitus selbst zeigte für sein Alter ungewohnte Tapferkeit und sprengte auf flüchtigem Rosse den Seinen voran auf den Feind ein. Durch solche Anstrengungen gelang es den von Gannys besetzten Engpaß an dem Dorfe, wo der Hauptkampf vorfiel und der Schlüssel zur Stellung der Aufständischen war, zu halten und die von Avitus Muth begeisterten Truppen brachten das Gefecht wieder zum Stehen. Macrinus war beim ersten Erfolg seiner Truppen voll Siegeszuversicht gewesen. Als er nunmehr aber die Feinde nach anfänglicher Flucht wieder vordringen sah, befiel ihn, der immer zwischen Extremen sich bewegte, von Neuem Kleinmüthigkeit.⁵⁰ In seiner Feigheit, welche Dio ein Erbstück seiner maurischen Abkunft nennt, glaubte er schon seine Person gefährdet,⁵¹ und an seiner Sache verzweifelnd verließ er gegen Abend, als diese Wendung des Kampfes eingetreten war, ohne irgend Jemand den Oberbefehl zu übertragen, eilig und heimlich das Heer,⁵² um Rom und Italien zu erreichen, wo er neue Kräfte zum Widerstande rüsten wollte.

Nachdem Macrinus schon längst geflohen war, hielt das Elite-Corps der Prätorianer, obgleich andere Truppenabtheilungen zum Feinde übergingen,⁵³ allein noch allen Andern Stand. Als aber weder Macrinus selbst, noch die Abzeichen des kaiserlichen Feldherrn mehr im Heere sichtbar waren und man ungewiß war, ob Macrinus gefallen oder geflohen, begannen sie in ihrer Treue gegen ihn zu wanken. Er schien seine eigene Sache aufgegeben zu haben. Durch Ueberläufer erfuhren die Aufständischen, daß man Macrin vermisse, ja daß er geflohen sei, und benutzten rasch die wankende Treue der Prätorianer, um sie durch Gewährleistung ihrer Stellung als Leibwache und durch andere Versprechungen zur Einstellung des Kampfes und zum Uebertritt zu bewegen. Die Prätorianer nahmen die angebotenen Bedingungen an⁵⁴ und traten über.

Während dieser Vorgänge auf dem Schlachtfelde hatte Macrinus seinen Sohn mit Epagathus, dem ehemals allmächtigen Günstling Caracalla's, zum Partherkönig Artabanus gesendet, um dort vorläufig für ihn Schutz zu suchen.⁵⁵ Er selbst zog, als wäre er Sieger in der Schlacht geblieben, triumphirend in Antiochia ein. Nur zu bald wurde aber seine Niederlage bekannt und in den Straßen der Stadt, wie in der Umgegend von Antiochia trafen seine und des Avitus Anhänger in blutigem Kampfe auf einander. Da vertauschte Macrin den Purpur mit dem dunkeln Gewande eines Privatmannes, schor sich den Bart und flüchtete⁵⁶ sich mit wenigen Centurionen zu Pferde nach Aegä in Cilicien.⁵⁷ Hier nahm er, als sei er der Ueberbringer von Depeschen, die Post und eilte Tag und Nacht hindurch über Kappadocien, Galatien und Bithynien dem Hellesponte zu, um Rom zu erreichen, ehe die Nachricht von seiner Niederlage dahin gedrungen sein konnte.

Es ist sehr wahrscheinlich, daß er in Rom sich hätte halten können, da man dort das thörichte Unterfangen eines syrischen Knaben im Verein mit einem Gannys und Eutychianus nur mit Hohn und Spott betrachten konnte.

Es gelang Macrinus Eribolos zu erreichen und er schiffte sich nach Chalkedon ein, ohne sich nach Nikomedien zu wagen, weil er Cäcilius Ariston, den Statthalter von Bithynien fürchtete. In einer Vorstadt Chalcedons verbarg er sich und schickte an einen Procurator um Geld. Dieser erkannte ihn und ließ ihn gefangen nehmen. Herodian erzählt, daß er schon auf dem Wege nach Byzanz gewesen, aber durch Sturm zur Umkehr und zum Verweilen in Chalkedon gezwungen wurde, so daß die von Avitus Nachgesendeten ihn einholten.⁵⁸ Auf demselben Weg, auf dem er gekommen, wurde er zurückgeführt. Unterwegs erfuhr er seines Sohnes Gefangennehmung und Tod und versuchte durch einen Sturz aus dem Wagen sich zu tödten. Es mißlang zwar, aber bald kam Befehl, ihn zu tödten, und so verlor Macrin in einem Alter von fast 55 Jahren nach einer Regierung von nur 1 Jahr 2 Monaten weniger 3 Tagen das Leben und die Herrschaft.⁵⁹

Es war am 8. Juni 971 oder 218 nach Christus, daß Varius Avitus, der vorgebliche Antoninus, den wir von nun an gemäß der Sitte seiner Zeitgenossen nach seinem syrischen Gotte Heliogabalus nennen werden, die Alleinherrschaft des römischen Reiches als ein vierzehnjähriger Knabe in der Schlacht bei Antiochia gewann.[60]

Schon am Tage nach der Schlacht erschien er vor Antiochia. Die Stadt mußte sich um den schweren Preis von 500 Drachmen für jeden Soldaten von der Plünderung freikaufen und mußte froh sein, daß solche Mäßigung die Oberhand behielt, da die Soldaten nur mit Mühe von der Plünderung der reichen Stadt zurückgehalten werden konnten.[61]

Das neue Regiment versprach mehr als es später hielt. So lange der wohlthätige Einfluß Mäsas waltete, wurde selbst in Bestrafung der Gegner des Aufstands, soweit sie nicht unmittelbar thätig gewesen, Maaß gehalten. Aber von der unter Macrin von den Senatoren geträumten Regierungsweise durch den Senat nach dem Muster Marc Aurels war keine Rede. Die Rathgeber Heliogabal's stellten sich auf den Boden des Militärregiments, das seit Severus unverhüllt aufgetreten war, und nahmen sofort an, daß mit Erhebung Heliogabals durch das Heer, weil er ein Sohn Caracalla's sei, das legitime Recht zur Anerkennung gekommen sei.[62] Darum wurden dem Heliogabal auch sogleich aus eigener Machtvollkommenheit des Souveräns die üblichen Titel Augustus pius felix,[63] das Proconsulat und die tribunicische Gewalt beigelegt, ohne auf die Verleihung derselben durch den Senat zu warten. Doch suchte Mäsa im Uebrigen die gute Meinung des Senates und Volkes zu gewinnen und ließ in dem ersten Brief an den Senat versprechen, nach den Grundsätzen von Augustus, mit dem der junge Imperator mit Rücksicht auf seine Jugend verglichen wurde, und denen des Marc Aurel zu regieren.[64] Gleichzeitig wurde Alles aufgewendet, um Macrin bei Senat, Volk und Heer in üblen Ruf zu bringen, indem sein weichliches Leben in Antiochia, die Ermordung Caracalla's und sein Brief an Marius Maximus über die Solderhöhung unter seinem Vorgänger ans Licht gebracht wurden. ⁶⁵

Auch für den Fall des Widerstandes war gesorgt. Denn der zum Stadtpräfecten ernannte Marius Censorinus erhielt die Vollmacht mit dem Depot der Albanier Zwangsmaßregeln gegen den Senat in Anwendung zu bringen,⁶⁶ wenn derselbe Opposition zu machen wage. Dazu kam es natürlich nicht, da dieser sich, wie immer, fügte und sogar in Schmähungen gegen Macrinus und seinen Sohn ergoß, denen er kaum erst seine Ergebenheit bezeugt hatte. Ja er ging in der Erbärmlichkeit so weit, in Lob und Preis des Caracalla auszubrechen, den er, wenn Macrin es gestattet hätte, für einen Feind des Staats erklärt haben würde. Und in seinen Acclamationen hörte man den Ruf, der neue Fürst möge seinem angeblichen Vater ähnlich werden!⁶⁷

Heliogabalus verweilte nur so lange in Antiochia,⁶⁸ bis in Syrien und den angrenzenden Ländern seine Sache Anerkennung gefunden hatte und begab sich dann durch Cilicien nach Bithynien, um in Nikomedia zu überwintern.

Wie natürlich fielen trotz aller Milde, gleich nach dem Siege die Günstlinge Macrins, namentlich seine nächste Umgebung in Antiochia und seine Freunde in Rom, als Opfer. Unter den Getödteten befanden sich ebensowohl Glieder altadliger Senatorenfamilien, als Emporkömmlinge aus Caracalla's Zeit, die sich dem Macrinus zu entschieden zugewendet hatten. Diese Leute bei Seite zu schaffen mag ein Mittel der Selbsterhaltung gewesen sein. Bald aber zeigte sich, daß der neue Imperator auch dem Hasse der Soldaten Opfer bringen mußte und daß er selbst zu Willkür und Arglist geneigt sei, ja aus Eigennutz morden könne.⁶⁹ So klagte er die in den Jahren 964 und 967 zum Consulat erhobenen Senatoren Pomponius Bassus und Silius Messala bei dem Senate des Hochverrathes und der Majestätsbeleidigung an und der Senat verurtheilte sie zum Tode auf die vage Beschuldigung hin, daß sie seinem Leben und Treiben im Palaste nachspürten und sich darüber tadelnd äußerten. Die Beweise ihrer Schuld zu senden, setzte Heliogabal höhnend hinzu, sei unnütz, da die Schuldigen den Tod schon erlitten hätten.⁷⁰ Die geheime Ursache zu dieser That war Angst vor dem Einfluß des Messala im Senat, weßhalb Heliogabal ihn auch gleich im Beginn seiner Regierung aus Rom zu sich entboten hatte. Pomponius Bassus aber hatte ein edles und schönes Weib, das von Severus Bruder Claudius und von Marc Aurel abstammte.

Mag auch der Argwohn gegen die Getödteten besonders geschärft gewesen sein, weil gerade damals eine ganze Reihe von Aufstandsversuchen in Kleinasien gemacht wurde,⁷¹ so bleibt die That doch unverantwortlich und gestattet einen Einblick in den Charakter des Heliogabal. Im Verein mit der Ermordung des Gannys zeigt sie, daß Mäsa sich bitter getäuscht hatte, wenn sie sich der Hoffnung hingab, Heliogabal in ihrem Sinne leiten und für ihn regieren zu können. Die anfänglich gemäßigten Maßregeln und Kundgebungen der Regierung zeigen Staatsklugheit nnd Rücksichtnahme auf die Verhältnisse. Allein Heliogabalus, der sich bisher der Vormundschaft Mäsas gefügt hatte, zeigte bald, wie schnell er von seiner Umgebung gelernt habe. Gannys, der Geliebte seiner Mutter, der gewissermaßen sein Vormund seit des Vaters Tod und sein Leiter in der Jugend gewesen war, durch dessen Feldherrnblick und Entschlossenheit er bei Antiochia den Sieg errang, hatte anfangs großen Einfluß auf ihn. Er dachte daran, ihn seiner Mutter zum Gemahl zu geben und ihm den Titel Cäsar zu ertheilen. Das änderte sich aber sofort, als Gannys, der zwar ein weichliches Leben führte und gerne die ihm in seiner Stellung gebotenen Geschenke annahm,⁷² aber Niemand ein Leid zufügte, im Gegentheil Vielen Wohlthaten erwies, seinen Einfluß dazu verwendete, Hiliogabalus zu einem ordentlichen, den römischen Sitten entsprechenden Leben anzuhalten,⁷³ das alles orientalische Wesen ausgeschlossen hätte. An Ohrenbläsern, die Heliogabalus hetzten, daß er solche Bevormundung nicht dulden solle, fehlte es nicht,⁷⁴ und Gannys wurde in Folge davon eines Tages in Nikomedia auf die brutalste Weise in Heliogabals Gegenwart und mit seiner eigenen Beihülfe niedergestoßen.[75]

Diese That war der Wendepunkt seines Schicksals. Mäsa erkannte die Gefahr, die ihr durch die Launen des Enkels drohte, und drängte nach Rom zu kommen, um dort im Mittelpunkt des Reiches alle Maßregeln treffen zu können zur Sicherstellung der Macht in ihrer Familie, deren Bedrohung in den zahlreichen Aufstands-Versuchen vor Augen lag, die in ihrer unmittelbaren Nähe[76] von unbedeutenden Männern, selbst von gewöhnlichen Centurionen gemacht wurden. Denn wem schien es noch unmöglich, die höchste Würde zu erlangen, nachdem sie ein syrischer Knabe gewonnen hatte?

Allein Heliogabal eilte gar nicht, nach Rom zu kommen. Er schwelgte in seiner neuen Macht und ergab sich im Dienste seines Gottes der niedrigsten Sinnenlust,[77] die ein Hauptbestandtheil des syrisch-babylonischen Gottesdienstes war. Er zeigte sich nur im orientalischen Gewande, das, wie die Römer meinten, in weibischer Weise bis zu den Füßen herabfloß; ja er trotzte im Gefühle seiner Allmacht schon so sehr, daß er dem Rathe seiner Großmutter, römische Kleidung zu tragen und das orientalische Wesen zu verdecken, damit antwortete, daß er sich in Lebensgröße als Priester des Elagabalus malen ließ und dieses Bild zu Rom im Senat am sichtbarsten Orte, oberhalb der Victoria aufzuhängen befahl, damit sich die Römer an diesen Anblick gewöhnen möchten.[78] Der Schein gab ihm Recht, indem der servile Senat keine Opposition blicken ließ.

Im Frühjahr 972, das heißt im Jahr 219 n. Ch. konnte Mäsa endlich Heliogabal dazu bewegen, nach Rom zu gehen.[79] Seine Ankunft wurde wie üblich mit Austheilung eines Congiariums und mit Thierhetzen, Gladiatorkämpfen und Wettfahrten im Circus gefeiert,[80] die mehrere Tage dauerten und bei welchen der Gott Elagabal alsbald eine große Rolle spielte. Denn derselbe erhielt sofort seinen Tempel und an jedem Tage des Festes früh Morgens wurden ihm Hekatomben geschlachtet und Ströme Weins ausgegossen.[81]

Seit seiner Ankunft in Rom beschäftigte sich Heliogabal kaum noch mit dem, was in den Provinzen vorging. Er hatte nur noch Sinn für den Dienst seines Gottes und den gemeinsten Sinnengenuß.[82] Die Staatsangelegenheiten im Allgemeinen überließ er seiner Großmutter, die einen Theil ihres Einflusses wieder gewann, indem sie ihn in der einen Richtung gewähren ließ, in der andern ihn unterstützte und ihm durch Theilnahme an seinem Gottesdienste schmeichelte.[83]

Um die Bevölkerung Roms brauchte sich Heliogabal nicht viel zu kümmern, wenn er den Pöbel und die Prätorianer für sich hatte. Die Letzteren wurden durch Donative in Laune erhalten, der erstere fand in dem Spektakel des syrischen Gottesdienstes seine Rechnung und war orientalischen Culten, die seit der Ausgleichung zwischen Rom und den Provinzen allgemein verbreitet waren, nicht abgeneigt. Ja man kann fast sagen, daß die orientalischen Culte die einzigen waren, die noch wirklichen Glauben fanden und denen Fanatismus zur Seite stand. Hatte der Kaiser solche Stützen für sich, so konnte er getrost eine Zeitlang den bessern Theil der Einwohner Roms mißachten, ihnen Aergerniß durch sein Treiben geben und sie tyrannisiren.

In der That wurde hierin selbst das bisher Geschehene weit überboten. Denn noch niemals hatte ein Weib in Rom eine öffentliche Stellung eingenommen und nie war eines Mitglied des Senats gewesen. Soämis aber verkannte soweit die Stellung der Frauen in Rom, daß sie sich von ihrem Sohne, der bald kein Staatsgeschäft mehr ohne sie vollbrachte, sogar in den Senat führen[84] und sich daselbst Sitz und Stimme geben ließ. Sie erlangte diese dominirende Stellung um so leichter, weil ihre Sittenlosigkeit und ihr thörichtes Treiben ihren Sohn ganz besonders anzogen.[85] Eines Tages wurde sie in den Senat gerufen, erhielt den Ehrensitz neben den Consuln, wohnte der Berathung bei und war sogar bei der Abstimmung zugegen, so daß ihr Name in der senatus auctoritas mit aufgeführt wurde. Soweit war aber doch selbst der römische Pöbel noch nicht gesunken, um Solches nicht als Schmach zu empfinden.

Auch Mäsa mußte mit dem Kaiser im Senat erscheinen; sie kannte aber die Verhältnisse zu gut, als daß sie das Unpolitische dieses Schrittes nicht gefühlt hätte. Sie scheint es vermieden zu haben, den Senat zu betreten, wenn sie es anders konnte und wenn es sich nicht um wichtige Beeinflussung Heliogabals handelte. Auch ist in ihrem Benehmen der Unterschied von dem ihrer Tochter zu bemerken, daß sie nicht bei der Abstimmung anwesend war. Ein Betreten des Senates aber ohne jene war nichts so Ungewöhnliches, da auch die Söhne der Senatoren bis zur Verkündigung, daß nun zur Abstimmung geschritten werde, anwesend waren und die Kaiser oft ein zahlreiches Gefolge, selbst von Sklaven, mit sich in den Senat brachten.

Die Folgen von Mäsa's Zurückhaltung wurden dieser bald empfindlich genug. Denn ihr Einfluß auf Heliogabal nahm ab und seine Thorheiten wuchsen. Am Auffallendsten zeigt sich dieses in der Geschichte seiner Heirathen, die so recht ein Bild seiner kindischen Thorheit und seiner Verhöhnung aller Sitte geben.

Bald nach seiner Ankunft in Rom, die erst nach Antritt seines Consulates fällt,[86] wie es scheint im Frühling 219, vermählte er sich mit Julia Cornelia Paulla.[87] Wir dürfen darin einen Versuch Mäsa's sehen, ihn von Ausschweifungen anderer Art abzuziehen. Cornelia Paulla stammte aus einer der vornehmsten Familien und die Vermählung wurde mit großen Festlichkeiten begangen, bei denen nicht nur die Senatoren und Ritter, sondern auch deren Frauen beschenkt wurden, und das Volk außer den vertheilten Naturalien 150, die Soldaten aber 250 Drachmen erhielten.[88] Dazu kamen Gladiatorkämpfe und Thierhetzen von besonderer Pracht, bei denen das Unerhörte stattfand, daß 51 Tiger und selbst ein Elephant getödtet wurden.[89]

Die Ehe mit Cornelia Paulla dauerte trotz der großen Festlichkeiten nicht lange. Denn eines Muttermales wegen wurde sie schon bald nach dem 29. August 220[90] verstoßen, und Heliogabal vermählte sich mit der Vestalin Julia

Aquilia Severa, die seine Lust gereizt hatte, und verletzte den seit grauer Vorzeit geltenden Grundsatz der Jungfräulichkeit von Vesta's Priesterinnen;⁹¹ ja er verhöhnte diese heilig gehaltene Sitte, der schon manche Priesterin zum Opfer gefallen war, so offenbar, daß er zur Entschuldigung dem Senate nur schrieb, er sei von leidenschaftlicher Liebe zu ihr ergriffen; aber die Ehe eines Priesters mit einer Priesterin sei ganz angemessen und eines Kaisers würdig.⁹² Auch bei dieser Vermählung gab es Festlichkeiten, deren Spur uns vielleicht die Münzen Heliogabals erhalten haben.⁹³

Kaum aber war mit Verhöhnung der religiösen Sitte die Vermählung erfolgt, so wurde Aquilia Severa verstoßen⁹⁴ und Annia Faustina, die Gemahlin des in Nikomedia von Heliogabal getödteten Pomponius Bassus, mußte seine Gemahlin werden, noch ehe die vorgeschriebene Trauerzeit vorüber war.⁹⁵

Noch schneller als die Vestalin fiel diese in Ungnade⁹⁶ und wurde nach einander von zwei andern ersetzt, bis Heliogabalus zu Aquilia Severa zurückkehrte.⁹⁷ Für die Staatskasse war es ein Glück, daß die Laune Heliogabals zuletzt so rasch wechselte, daß es zu keinen Vermählungsfestlichkeiten kam, denn höchstens noch die der Annia Faustina scheint nach den Münzen mit Spenden gefeiert worden zu sein.⁹⁸ Aber außer der Verschwendung des Geldes zu den Festlichkeiten diente auch jede Vermählung als Vorwand, um in allen Provinzen Hochzeitsgeschenke zu erpressen.⁹⁹

Während der Posse, die Heliogabal mit der Ehe trieb, wohl bei Gelegenheit seiner Vermählung mit der Vestalin, konnte bei ihm der Gedanke, den syrischen Gott Elagabal nicht nur an die Spitze des römischen Staatscultus, sondern überhaupt an die aller im römischen Reich verehrten Gottheiten, selbst der jüdischen und christlichen zu stellen. Davon findet sich bei Ankunft des Kaisers in Rom noch keine Spur. Denn der syrische Gott war nur ein Gegenstand seiner Privatverehrung, da er im kaiserlichen Palast auf dem Palatinus seinen Tempel erhielt.¹⁰⁰

Zur eigentlichen Reife kam die Idee Heliogabals, seinen Gott über alle andern zu stellen, wie es scheint, als der zweite Tempel des Elagabal seiner Vollendung entgegenging.[101] Die Einweihung desselben fällt wahrscheinlich in den Sommer des Jahres 974, das heißt 221 n. Ch., seit welcher Zeit auch eigenthümlich ausgestattete Münzen auftreten,[102] worin der Kaiser als Sanctus deo soli Elagabalo und als Invictus sacerdos Augustus am Altare opfernd auftritt.

Die Einführung einer fremden Gottheit in Rom war an und für sich den Römern nichts Anstößiges und die Sache kam seit Hadrians Zeit immer häufiger vor. Aber den Versuch, einen fremden syrischen Cultus, den bisher Niemand gekannt hatte, an die Spitze des ganzen Staatscultus zu stellen und den Jupiter Capitolinus aus seiner traditionellen Stellung zu verdrängen,[103] war etwas ganz Unerhörtes. So geneigt auch der römische Pöbel zu Mysticismus und obscönen Diensten war, so war doch sein Aberglaube so sehr mit dem alten Staatsculte verwachsen und jede Staatshandlung hing in Rom so enge damit zusammen, daß die Antastung desselben Aufregung hervorrufen mußte. Und es scheint fast, als ob von dem Augenblick an, da diese Tendenz Heliogabals zu Tage trat, selbst der Pöbel trotz Schauspielen und Spenden unwillig zu werden anfing.

Am stärksten trat die religiöse Tendenz Heliogabals hervor, als sich derselbe vom Senat zum Oberpriester seines Gottes von Staatswegen ernennen ließ; und diesem durch Münzen verbürgten Acte[104] folgte Ende des Jahres 220 oder Mitte Sommers 221 die Vermählung des syrischen Gottes mit einer andern Gottheit aus demselben religiösen Ideenkreise, was nach römischen Anschauungen eine Lächerlichkeit war. Diese Handlung hängt auf der einen Seite zwar mit den eigenen Heirathen Heliogabals zusammen, auf der andern aber mit den religiösen Ansichten der Syrer, und erscheint diesen in anderem Lichte als sie den Griechen und Römern vorkommt. Der Sonnengott Elagabal ist in dem religiösen System der Syrer das männliche, die ihm vermählte Urania der Karthager, das heißt Aschera-Astarte,¹⁰⁵ das weibliche Prinzip, durch deren Vermählung das Leben in der Natur entsteht. Zum Zweck der Vermählung ließ der Kaiser aber außer dem Bilde der Göttin in Karthago auch alle Weihgeschenke und Tempelschätze nach Rom bringen und legte sie in Elagabals Tempel nieder.¹⁰⁶ Dazu erpreßte er¹⁰⁷ aus dem ganzen römischen Reiche Weihgeschenke für den Tempel und Geld als Mitgift bei der Vermählung der Gottheiten. Und Hand in Hand damit ergingen Edicte, welche die Verehrung des Gottes überall anbefahlen und um die Hochzeit des Gottes zu verherrlichen, in Rom und Italien Jedermann zur Theilnahme an den öffentlichen Festen und zur Aufstellung von Privatfesten aufforderten.¹⁰⁸ Auf die Hochzeit folgte Mittsommer 221 die Einweihung des neuen Tempels ἐν προαστείῳ, an welcher der ganze Hof, alle Staatsbeamte und die Prätorianer Antheil nehmen mußten.¹⁰⁹

Bisher waren nur die nächsten Angehörigen des Kaisers die Theilnehmer seines syrischen Gottesdienstes gewesen und seine Mutter und Großmutter hatten im Innern des Palastes mit ihm dem Gotte Hymnen gesungen, den Zaubergebräuchen und selbst den Opfern von Knaben beigewohnt, die in dem Culte des syrischen Baal vorkamen.¹¹⁰ Wir dürfen freilich von Mäsa annehmen, daß sie durch ihre Bildung über solchem Aberglauben stand, aber aus Politik sich den Forderungen ihres Enkels unterwarf. Ganz anders aber wurde die Sache, als dieser Gottesdienst aus dem Palaste heraus ans Licht der Oeffentlichkeit trat. Und das geschah bei der Tempelweihe, die als öffentlicher Staatsgottesdienst auftritt. Bei dieser Feier trug Alles einen rein orientalischen Charakter. Der Kaiser selbst gebärdete sich dabei, indem er rückwärts vor seinem Gotte hertanzte, gleich David vor der Bundeslade; so kindisch albern für einen Römer und Kaiser, daß nur der entartete Pöbel Roms, der aus allen Nationen bestand, des Spektakels wegen dabei mitwirken konnte.¹¹¹

Nach der Einweihung des Tempels begann eine Reihe von Festen und Schaustellungen, die auch die Nacht hindurch fortdauerten. Auf diese Veranlassung konnte sich die auf Münzen erwähnte vierte Spende Heliogabals beziehen.¹¹² Dabei ging es sehr eigenthümlich zu. Denn statt Opferfleisch und Aehnlichem wurden die gespendeten Thiere lebend von Gerüsten herab dem Volke zugeworfen und dieses balgte sich zur Ergötzung Heliogabals um die herabgeworfenen Dinge unter furchtbarem Gedränge, so daß Viele dabei das Leben verloren, besonders durch die Spieße der Ordnung haltenden Soldaten, in welche die Masse sich selbst hineindrängte.¹¹³ Unter den ausgetheilten Gegenständen befanden sich auch Becher, Gewänder und Aehnliches, wie ja auch Caracalla schon dem Volke gallische Mäntel geschenkt hatte, die Ursache zu diesem seinem Beinamen wurden. Heliogabal erfand dazu Lotterien mit Nieten und Gewinnsten der eigenthümlichsten Art, was zwar dem Pöbel besonderen Spaß bereitete, aber auch dem Staatsschatze viel Geld kostete.¹¹⁴

Was auch für die Zwecke der Volksbelustigung aufgewendet wurde, es verschwindet gegen Heliogabals wahnsinnige Verschwendung für seinen Hofhalt. Wir dürfen freilich annehmen, daß das in seiner Lebensbeschreibung ¹¹⁵ Aufgezählte übertrieben ist, wiewohl der Verfasser derselben zeitgenössische, zum Theil bis in die geringsten Kleinigkeiten eingehende Quellen vor Augen hatte und namentlich Alles in dieses Kapitel Gehörige sehr mit Auswahl gegeben zu haben behauptet,¹¹⁶ um nicht in den Schmutz von Heliogabals unsittlichem Treiben zu tief hineinzugerathen. Aber selbst wenn wir der Uebertreibungslust der Quellen sehr Vieles zu Gute halten, bleibt noch immer mehr übrig, als von irgend einem Verschwender unter den früheren Kaisern erzählt wird. Die Ueppigkeit und Verschwendung in Kleidung und Schmuck, in Gastmahlen und Leckereien, in Wagen und Pferden, die Tollheiten, mit denen ganze Schwimmbäder mit wohlriechenden Essenzen angefüllt wurden, die Verschwendung von Gold, Perlen, Edelsteinen und Gemmen übersteigt jede Vorstellung.

Der Biograph des Kaisers erzählt uns beispielsweise, daß eine gewöhnliche Mahlzeit 30 Pfund Silber kostete, daß aber von diesem Minimum an der Aufwand bis zu 3 Millionen Sestertien stieg. Diese fast unglaubliche Summe ist aber wohl möglich, wenn man bedenkt, daß die einzelnen Gerichte mit Perlen und edlen Steinen gemischt waren, daß während des Mahles zur Unterhaltung der Gäste Wettfahrten und Gladiatorkämpfe stattfanden und daß ein einzelner Gast bis zu 1000 aurei als Gastgeschenk erhielt. [117]

Heliogabals Umgebung in Rom bestand bald nur noch aus dem Auswurfe der elendesten und sittenlosesten Individuen, Sklaven, Freigelassenen, Kupplern, Lustknaben, Hetären, und zwar in solchen Massen, daß auf Reisen 60 Wagen mit diesem Gesindel angefüllt waren. [118] Diese ganze Schaar bezog reichen Lohn vom Kaiser und erwarb sich selbst ungeheure Summen durch Verkauf ihres Einflusses auf den Kaiser an die Bittsteller.

Die abscheulichste Seite dieses ekelerregenden Bildes vom Leben und Treiben des römischen Imperators läßt sich nur andeuten. [119] Heliogabal überbot in geschlechtlichen Ausschweifungen alle Schändlichkeiten, die das entartete Römer- und Griechenthum erfunden hatte und steigerte Alles noch durch die absichtliche Oeffentlichkeit, mit der er seine Ausschweifungen betrieb. [120] Er machte das kaiserliche Palatium zum Bordel und prostituirte sich selbst öffentlich darin.

Die Genossen und Werkzeuge seiner Ausschweifung aber erhielten als Lohn die höchsten Stellen und Würden im Staat [121] und bald gab es in Rom keinen anständigen Mann mehr in einem öffentlichen Amte. Ein Ballettänzer wurde Praefectus praetorio, ein berühmter Wettfahrer, Gordius, Praefectus vigilum, Claudius Myrissimus, ein ehemaliger Barbier, Praefectus annonae, ein Amt, wozu bisher nur Männer consularischen Ranges ernannt wurden. [122] Kein Wunder, daß der durch Severus Vorsicht aufgehäufte für sieben Jahre ausreichende Getreidevorrath verschleudert wurde, da solche Menschen ihn verwalteten und Heliogabal selbst den Vorrath für ein ganzes Jahr an die Hetären, Kuppler und Lustknaben Roms zu vertheilen befahl, gleich als gehöre dieses

Gesindel auch zu dem souveränen römischen Volke, das als solches seinen Antheil an den Vortheilen der Souveränität in Getreidespenden erhielt.¹²³

Wie die Ehrenämter der Stadt Rom, so kamen auch die der Provinzen in die Hände von Freigelassenen der schlechtesten Art, und die Lasten, welche dadurch dem ganzen Reiche aufgebürdet wurden, wuchsen mit der Verderbtheit dieser Leute zu ungeheurer Größe. Daß die Einkünfte des Reiches unter solchen Umständen schon vom kaiserlichen Hofe verschlungen wurden, ist natürlich, kam jedoch auch schon früher vor. Aber unerhört ist eine Verschwendung, die auch keine einzige vernünftige und halbwegs nützliche Seite zeigt, und selbst in Bauten kaum etwas Nennenswerthes leistete, wofür auch die schlechtesten Imperatoren in nützlicher Weise thätig gewesen waren.

Denn von Bauwerken Heliogabals kennen wir nur den Tempel in der Vorstadt.¹²⁴ Der erste Tempel des Elagabal auf dem Palatinus kann kein eigenes Bauwerk gewesen sein und war wohl schon vorhanden. Dagegen ließ Heliogabal die Straßen des Palatinus mit Marmor pflastern¹²⁵ und half an der Restauration des unter Macrinus in seinen obersten Stockwerken ausgebrannten Amphitheatrum Flavium und begann die Säulengänge zu bauen, die an den Thermen des Caracalla noch fehlten, die Vollendung derselben fällt aber erst in die nachfolgende Regierungszeit Severus Alexanders.¹²⁶

Der Staatsbankerott, der durch Heliogabals thörichte Wirthschaft hereinbrach, liegt uns klar vor Augen, da unter Heliogabal die Abgaben statt in dem falsch ausgemünzten Silber in Gold bezahlt werden mußten.¹²⁷

Die Verschwendung, das sittenlose Treiben vor Aller Augen, die Mißhandlung der Provinzen und die ausschließliche Begünstigung des Gesindels machte zuletzt selbst auf die verwahrlosten Römer und vor Allem auf die Prätorianer einen ekelerregenden Eindruck, und ihre Mißstimmung blieb Mäsa nicht verborgen.¹²⁸

Diese Frau sah das längst kommen und sann auf ein Mittel, um sich und ihrer Familie die Herrschaft zu erhalten, die ihr verloren schien, wenn nicht bald dazu gethan werde.

Sie benutzte den nicht sehr hervorragenden Verstand ihres Enkels, um mit Begünstigung seiner Leidenschaft für religiöse Mummerei demselben den Gedanken einzugeben, daß er sich in seinem Vetter Alexianus Bassianus eine Stütze für die Last der Regierung verschaffen solle, indem er selbst die religiösen, sein Vetter aber die politischen Functionen behielte. [129]

Heliogabal ging mit Begierde auf diesen Gedanken ein, wie wir erfahren, weil er in seinem Vetter einen würdigen Lehrling zu finden hoffte, den er in seine ganze Thätigkeit würde einführen können. Mäsa kam mit diesem Gedanken noch gerade recht. Denn Heliogabal trug sich bereits mit der Absicht, seinen subaetor Hierocles zum Cäsar, das heißt zum Theilnehmer und Nachfolger in der Regierung zu erheben. [130] Dieser Schmach wurde vorgebeugt. Eines Tages, im Jahr 221, erschien Heliogabalus im Senat, Großmutter und Mutter zu beiden Seiten und adoptirte seinen Vetter Alexianus Bassianus, wie er sagte, auf Befehl seines Gottes, der ihm auch eingegeben habe, ihn Alexander zu heißen. [131] Es war dieses Letztere ein feines Manövre Mäsa's, um die Erinnerung an Caracalla wachzurufen, des Alexianus Bassianus vorgeblichen Vater, der in seiner letzten Wahnsinnsperiode sich für einen zweiten Alexander den Großen gehalten und denselben auch äußerlich auf alle Art in Kleidung und Anderem nachgeahmt hatte, [132] z. B. in dem Beginnen eines Partherkrieges, in der Wiederherstellung der macedonischen Phalanx und der sogar die schiefe Haltung des Kopfes bei Alexander nachgeäfft hatte.

Nach der Adoption und Ernennung des nunmehr Alexander genannten Vetters, konnten sich Mäsa und die nun auf der Bühne erscheinende Mamäa, die zweite Tochter Mäsa's, freier und unabhängiger bewegen. Denn nun hatte man bei Heliogabals Tod einen anderen Regenten. Es kam nur darauf an, das Wohlwollen von Heer, Senat und Volk für denselben zu gewinnen. Bei dem großen Contraste zwischen

den beiden Verwandten konnte das nicht schwer sein, besonders
da Heliogabalus, eifersüchtig auf die wachsende Beliebtheit des
Vetters, die Adoption bald bereute und sie widerrufen wollte,[133]
wodurch er die Sympathie für den unbescholtenen Alexander
erst recht wachrief. Allein er merkte bald, daß das gefährlich
für ihn werden könnte, und beschloß, sich durch Mord zu
helfen. Seine Anschläge waren jedoch so kindisch angelegt
und wurden meist sogar von ihm selbst verrathen,[134] daß
man Alexander bei der großen Vorsicht von Mutter und Großmutter und bei der Liebe, die man im Lager für denselben
hegte, leicht sicher stellen konnte. Mamäa nahm durchaus
keine Speise, die von Heliogabals Hand kam, an und hielt
ihre eigenen Köche und Diener, die mit den Hofofficien nichts
zu thun hatten und die wahrscheinlich schon damals meist aus
Christen bestanden.[135] Uebrigens warben die beiden Frauen
ins Geheim durch Geldaustheilungen für den Eintritt eines
offenen Gewaltversuchs Anhang unter den Prätorianern.[136]
Und als Heliogabalus endlich doch seine Adoption zurücknahm,
weil die Mordanschläge keinen Erfolg hatten, schwieg zwar
der servile Senat,[137] denn das Schweigen war seine stärkste
Opposition, aber die Prätorianer erhoben sofort einen Tumult,
als man aus den Statuen im Lager den Namen Cäsar vor
Alexanders Namen ausgelöscht fand.[138]

Um sich nach Rücknahme der Adoption ganz sicher zu stellen,
sendete Heliogabal zugleich wieder Mörder gegen Alexander
aus,[139] und begab sich in die Gärten der Spes vetus, wo
er zum Schein ein Wagenrennen vorbereitete. Dort harrte
er voll Ungeduld auf die Nachricht von Alexanders Tod.
Statt dieser Nachricht erschienen die aufständischen Soldaten
mit Schreien und Toben in den Gärten, wo der Kaiser sich
aufhielt. Er gerieth in furchtbaren Schrecken und verbarg
sich. Um sie zu beschwichtigen, sendete er ihnen einen der
Präfecten des Prätoriums Antiochianus entgegen, und da die
Soldaten auch nicht sehr zahlreich waren, so gelang es diesem,
dieselben mit Anrufung ihres Eides von dem Vorhaben der
Ermordung Heliogabals abzuhalten. Ein für ihn günstiger

Umstand war der, daß der Tribun der Soldaten Aristomachus das vexillum im Lager zurückbehalten hatte und diese weder in großer Zahl noch mit großem Selbstvertrauen gekommen waren, da die Meisten ihre Fahne zu verlassen sich gescheut hatten. [140]

Der andere Präfect wurde von Heliogabalus ins Lager geschickt und hörte die Forderungen der Prätorianer an, die sich zu beruhigen versprachen, wenn Heliogabalus seine schändliche Umgebung entferne, Alexanders Stellung unangetastet lasse und von nun an ein anständiges Leben zu führen verspreche.

Unterdessen war schon eine Schaar der Prätorianer zum Schutze Alexanders in den Palast geeilt und bald erschien derselbe unter Bedeckung im Lager, begleitet von seiner Mutter und Großmutter. Heliogabal mußte auf die ihm gestellten Bedingungen eingehen und die schändliche Bande um ihn wurde verbannt. Aber für Hierocles hatte der Kaiser eine solche Leidenschaft, [141] daß er auf's Flehendlichste bat und die Prätorianer in eigener Person anflehte, ihm nur diesen zu lassen, da er lieber sterben als ohne ihn leben wolle. [142] In diesem Punkte gaben die Soldaten nach, die Präfecten erhielten aber von ihnen die strenge Weisung, daß zwischen Alexanders und Heliogabals Umgebung durchaus kein Verkehr stattfinden dürfe. [143]

Diese Ereignisse fallen auf den Schluß des Jahres 221. Aber von Ruhe war von nun an keine Rede mehr. Die Stadt und die Prätorianer schieden sich in zwei Parteien, von denen die eine den Sohn der Soämis, die andere den der Mamäa begünstigte, und Mäsa that ihr Möglichstes, um Alexander zu heben und Heliogabalus herabzusetzen, indem sie offen aussprach, daß Alexander allein ein Sohn des Antoninus sei. [144]

Heliogabalus selbst gab seine feindseligen Pläne auf Alexander nicht auf und als das Jahr 222 herankam, wo er mit Alexander das Consulat antreten, im Senat erscheinen und nach feierlicher Procession auf dem Capitolium ein Staatsopfer darbringen sollte, weigerte er sich entschieden, mit diesem öffentlich zu erscheinen.¹⁴⁵ Mit Mühe brachten es Mäsa und Soämis dahin, daß er mit Alexander im Senat erschien, begleitet von beiden Frauen; und selbst das gelang nur durch Drohung mit den Soldaten, die ihm sonst den Tod anthun würden. Um so energischer weigerte er sich auf das Capitolium zu gehen, so daß man zuletzt den Praefectus urbi Fulvius unter Entschuldigung des Kaisers durch Krankheit dahin schicken mußte.¹⁴⁶

Bald sann Heliogabal auf's Neue auf Mordpläne und zeigte ungewohnte Energie. Er gebot dem Senat plötzlich, sofort die Stadt zu verlassen, weil er ihm zutraute, daß er einen Anderen zum Imperator erheben würde, wenn er die Nachricht von Alexanders Ermordung erführe, und ließ jeden Senator sogleich tödten, der nicht augenblicklich Folge leistete.¹⁴⁷

Als aber dieses sammt einem Mordanfall auf Alexander den Soldaten gemeldet wurde, erhoben sie Aufruhr im Lager, fielen über des Kaisers Creaturen, die sich daselbst befanden, her und marterten dieselben auf alle Arten zu Tode.¹⁴⁸

Von Neuem gerieth Heliogabal in die größte Furcht und begab sich, um den Sturm zu beschwören, in derselben Sänfte mit Alexander, Mäsa, Mamäa und Soämis in's Lager,¹⁴⁹ wo er zwar eingelassen wurde, aber die Mienen der Prätorianer drohend blieben, so daß er jeden Augenblick den Tod fürchten mußte.¹⁵⁰ Denn Mamäa und Soämis traten jetzt offen als Feindinnen auf und reizten die Soldaten zur Gewaltthat.¹⁵¹ Alle brachten die Nacht im Lager zu, während welcher beide Parteihäupter Versuche machten, die Sache zur Entscheidung zu bringen. Da gab endlich Heliogabal den Befehl, die Häupter von Alexanders Partei als Aufrührer zu ergreifen.¹⁵² Der Ausführung des Befehls wurde Widerstand geleistet und in dem nun folgenden Aufstande stürmten die Soldaten in das Feldherrnzelt, um den Kaiser zu ermorden.¹⁵³ Als dieser die Wirkung seiner Befehle sah, versuchte er zu fliehen und sich, in ein Bett eingewickelt, zum Lager hinauszuschaffen zu lassen. Allein das wurde entdeckt und Heliogabal mit seiner Mutter, die ihn in ihre Arme schloß, um ihn zu decken, getödtet. Darauf fielen die Soldaten auch über alle die her, welche von seinen Werkzeugen noch übrig waren. Nicht einer von ihnen entrann. Heliogabalus und seiner Mutter wurden die Köpfe abgeschnitten [154] und sein Leichnam dem Volke preisgegeben, welches ihn durch die Straßen schleifte und endlich in eine Kloake werfen wollte, die zur Tiber führte. Da aber der Leichnam durch die Oeffnung nicht hindurch gebracht werden konnte, so schleppte man ihn auf die Tiberbrücke und warf ihn mit einem Steine beschwert hinab, damit er nicht wieder an's Licht käme.

Unter den mit Heliogabal Getödteten befanden sich die beiden Präfecten des Prätoriums, Hierocles, der Stadtpräfect Fulvius und Aurelius Eubulus aus Emesa, die einflußreichsten Männer seiner Regierung. Der Letztere war vielleicht der Verhaßteste von Allen, weil er als Procurator rationalium, das heißt als oberster Finanzbeamter auf die schamloseste Weise gestohlen hatte, und zu allen Zeiten hat das Volk den schlechten Finanzbeamten den größten Haß gezeigt; so kam es, daß es auch dieses Mal sich am Grausamsten gegen ihn zeigte: er wurde vom Volke förmlich zerrissen. [155]

Die syrische Gottheit Elagabalus, mit der Heliogabals Regiment so enge zusammenhing, wurde sofort aus Rom entfernt. [156]

So endete am 11. März [157] des Jahres 222 das orientalisch-wollüstige Despotenregiment eines einfältigen Knaben, das in nicht ganz vier Jahren alle Classen des verdorbenen Volkes sich zum Feinde zu machen verstanden hatte. Mäsa aber hatte die Genugthuung, ihre Anstrengungen für Erhaltung der Herrschaft in ihrer Familie vom glücklichsten Erfolge gekrönt zu sehen. Denn sofort nach Ermordung Heliogabals wurde ihr zweiter Enkel Severus Alexander von den Soldaten, dem Volke und dem Senat einstimmig zum Kaiser ausgerufen und im ganzen Reiche anerkannt.

Anmerkungen und Belege.

1) Suidas sub voce δόμνος erklärt dieses Wort für einen syrischen Eigennamen. Auch die Namen Mäsa, Soämis, Mamäa scheinen desselben Ursprungs zu sein.

2) Victor Epit. c. 21 Aurelius Antoninus Bassianus Caracalla — imperavit solus annos sex. Hic Bassianus ex avi materni nomine dictus est. — c. 28. Hujus (Heliogabali) matris Soemeae avus Bassianus nomine, fuerat Solis sacerdos. — Cassius Dio sagt zwar von Julia Domna 78. 24: καὶ ἡ μὲν οὕτω τι ἐκ δημοτικοῦ γένους ἐπὶ μέγα ἀρθεῖσα u. s. w. Allein die Stellung ihres Vaters als Sonnenpriester läßt auf ein angesehenes syrisches Geschlecht zurückschließen.

3) Herodian V. 3. 4.

4) Herod. IV. 9. 3. πολλὰ τοίνυν ἐκείνων (sc. Ἀλεξανδρίνων) αὐτὸν σκωψάντων ἔς τε τὴν τοῦ ἀδελφοῦ ἀναίρεσιν καὶ τὴν πρεσβυτέραν Ἰοκάστην καλούντων etc. Dio 77. 22.

5) Dio 78. 4. 2 und 77. 18. — 6) Herod. V. 8. 3. — 7) Herod. V. 3. 2. —

8) Dio 78. 30. 2. Avitus war mit Pompejanus im Jahr 209 Consul gewesen.

9) Der Text bei Dio 78. 23. 3 ist lückenhaft und verstümmelt, aber aus den erhaltenen Worten Nitokris und Semiramis geht hervor, daß Julia Domna nach dem Vorbilde jener Frauen an Erhaltung ihrer Herrschaft im Namen ihres Enkelneffen Varius Avitus dachte, so daß Mäsa's später ausgeführter Plan in Julia's Kopf gewachsen sein könnte.

10) Dio 78. 31. — 11) Dio 78. 30. 2.

12) Herod. V. 8. 10. Νέαι καί ὡραῖαι οὖσαι.

13) Herod. V. 3. 10. Dio 78. 31. 3. Eigenthümlich ist die nicht unbedeutende Aehnlichkeit, welche sich bei einer Vergleichung von Heliogabals Köpfen mit jugendlichen Köpfen des Caracalla auf Münzen zeigt. Dieselbe stimmt auffallend mit der von den Aufständischen im Lager vor Emesa behaupteten Aehnlichkeit Heliogabals mit jugendlichen Bildnissen des Caracalla, vergl. Dio 78. 32. 2. und Iconographie des Empereurs romains im Trésor de Numismatique et de Glyptique, Paris 1848 Tab. 42. 13 verglichen mit Tab. 45. 9. 10. 11. und der Bemerkung des Herausgebers p. 83. § 14. Bei dem später hervortretenden Charakter der Soämis ist eine Möglichkeit vorhanden, daß die Ausstreuungen Mäsa's in der That auf Wahrheit beruhen. Uebrigens könnte

aber auch die Aehnlichkeit mit der beiderseitigen Abstammung Caracalla's und Heliogabals von der Familie ihrer Mutter zusammenhängen. Denn daran ist doch wohl nicht zu denken, daß man Münzstempel aus Caracalla's Jugendzeit mit leichten Aenderungen für Heliogabal benutzt habe.

14) Dio 78. 34. Orelli Inscript. lat. 946. Sex. Vario Marcello. || Proc. Aquar. ō Proc. Prov. Brt. ōc. Proc. Ration. Privat. ōcc. Vice Praef. Pr. et Urbi Functo || V. C. Praef. Aerarii Militaris Leg. Leg. III. Aug. || Praesidi Provinc. Numidiae || Julia Soaemias Bassiana C. F. Cum Filiis || Marito et Patri Amantissimo.

Bockh. Corp. inscr. graec. 6627.

Σέξτῳ Οὐαρίῳ Μαρκέλλῳ ἐπιτροπεύσαντι ὑδάτων, ἐπιτροπεύσαντι ἐπαρχείου Βρεταννείας, ἐπιτροπεύσαντι λόγων περιβάτης, πιστευθέντι τὰ μέρη τῶν ἐπάρχων τοῦ πραιτωρίου καὶ Ῥώμης λαμπροτάτῳ ἀνδρὶ, ἐπάρχου στρατιωτικοῦ, ἡγεμόνι λεγιῶνος γ̄ Αὐγούστης, ἄρξαντι ἐπαρχείου Νουμιδίας, Ἰουλία Σοαιμιὰς Βασσιάνη σὺν τοῖς τέκνοις τῷ προςφιλεστάτῳ ἀνδρὶ καὶ γλυκυτάτῳ πατρί.

15) Der Sohn der Mamäa und des Gessius Marcianus hieß Alexianus nach seinem Großvater (Herod. V. 7. 3: μετονομάζεται παραχθέντος αὐτῷ τοῦ παππῴου ὀνόματος ἐς τὸ τοῦ Μακεδόνος), und nach Dio 78. 30. 3. Bassianos. Der letztere Name hängt offenbar mit dem Urgroßvater, dem Sonnenpriester zusammen, der erstere kann nicht wohl von dem mütterlichen Großvater stammen, obgleich πάππος gewöhnlich diese Bedeutung hat. Darum läßt sich vermuthen, daß der Name Alexianos vielleicht der des Großvaters väterlicher Seite gewesen ist. Sonst müßten wir einen Irrthum Herodian's annehmen.

16) Der Name des Sohnes der Soämias ist auch von Herod. anders als von Dio überliefert. Wir folgen dem exacteren Gewährsmann Dio 78. 30. 3., der ihn Avitus nennt nach seinem mütterlichen Großvater; doch ist auch der Name Barius verbürgt. (Heliog. vita c. 1.) Sollte sich Herodian nicht irren, indem er ihn Bassianus nennt, so würde der Name auch von dem Sonnenpriester dieses Namens stammen, und einen Beweis liefern für das Ansehen dieses Stammvaters in der Familie. Herod. V. 3. 4. nennt beide Vettern Priester des Sonnengottes: ἱέρωντο δὲ αὐτοὶ θεῷ ἡλίῳ und V. 86: "Ἅτε γὰρ πρεσβυτέρῳ ἐκείνῳ ἐγκεχείριστο ἡ θρησκεία.

17) Heliogab. vita c. 2.

18) Ueber das Alter des Barius Avitus stimmen Dio und Herodian überein. Der erstere 79. 20. 2. sagt ἀπεσφάγη ὀκτωκαίδεκα ἔτη γεγονώς, und zwar im März 222; der letztere (Herod. V. 3. 3.) sagt von der Zeit, da der Aufstand gegen Macrin begann, περὶ ἔτη γεγονὼς τεσσαρεσκαίδεκα. Das Geburtsjahr des Barius fällt also auf's Jahr 204—205 oder 956—957 der Stadt, und Soämias wie Mamäa müßten

208—4 in Rom gewesen sein, aber sofort nach der Zeit, da der angebliche geschlechtliche Umgang mit Caracalla Statt hatte, in großer Jugend vermählt worden sein, so daß ihre Söhne für eheliche gelten konnten. Da Herodian V. 3. 10. sagt: ἐπιφοιτῆσαι γὰρ αὐτὸν (Caracalla) ταῖς θυγατράσιν αὐτῆς (der Mäsa) νέαις τε οὔσαις καὶ ὡραίαις καθ' ὃν καιρὸν ἐν τοῖς βασιλείοις σὺν τῇ ἀδελφῇ διέτριβεν, und die Pubertät für Syrien mit dem 12. Jahre beginnt (Dig. 50. 16. 3.), so konnten die beiden Töchter der Mäsa kaum fünfzehn Jahre alt gewesen sein bei ihrer Vermählung und Soämis würde c. 34 Jahre, Mamäa c. 45 Jahre alt geworden sein, insofern die erstere 222, die letztere 235 um's Leben kam.

Ueber Barius Schönheit vergl. Herod. V. 3. 7. Der hauptsächlichste Anziehungsgrund war nicht die jugendliche Schönheit an und für sich, sondern die dem Alterthum überhaupt und besonders dem semitischen Orient eigenthümliche Art Wollust, welche bei dem Anblick der Jünglingsblüthe erregt wurde. Die Schönheit des Jünglings wirkte auf den Orientalen und Griechen, wie auf uns weibliche Jugend und Schönheit. Von dieser Wirkung war auch ein Sokrates nicht ausgenommen. Plato Charmides. 4. Wie viel mehr mußte eine solche Persönlichkeit in Syrien bei den Semiten wirken, wo die Religion selbst das Nachgeben gegen die sinnliche Natur des Menschen nicht bloß erlaubte, sondern vorschrieb?

19) Herod. V. 3. 4. — 20) Herod. V. 5. 9.

21) Bei Emesa war ein römisches Standlager Herod. V. 3. 9. Ἐγειτνίαζε δὲ τῇ πόλει ἐκείνῃ τότε μέγιστον στρατόπεδον ὃ τῆς Φοινίκης προησπίζεν. Nach Dio 55. 23. 2: Νῦν μὲν γὰρ ἐννεακαίδεκα ἐξ αὐτῶν (v. d. Legionen) μόνα διαμένει — τὰ τρία τὰ τρίτα, τό τε ἐν Φοινίκῃ τὸ Γαλατικόν u. s. w. war es eine Legio III, deren Legat damals (vergl. Anmerkung 9) Sextus Barius Marcellus, des Barius Avitus Vater war. Sie heißt in der Inschrift des genannten Mannes III. Augusta. Die bei Böckh. 4548 ff. stehenden Inschriften aus dem Grenzbezirk von Syrien und Phönizien erwähnen aber ein στρατόπεδον τρίτον γαλλικόν, das auch Dio 79. 7. 1 nennt, so daß wohl bei Dio 55. 23. 2 ein Schreibfehler anzunehmen und γαλλικόν zu lesen ist. Andernfalls könnte es nicht richtig sein, daß e i n e von den drei genannten Legionen in Phönizien stand und daß von denselben nur die e i n e die galatische hieß, es müßte auch e i n e die gallische heißen, und dem widerspricht Dio's Stelle 55. 23 selbst.

22) Herod. V. 3. 10. Die öffentlichen Urkunden in Inschriften beweisen, daß die Abkunft des Barius Avitus von Caracalla officiell festgehalten wurde, z. B. Marini Atti de' fratelli arvali Tav. 41. 6.

23) Dio 78. 31. 2. — 24) Dio 78. 31. 3. — 25) Macrini vita c. 9 — 26) Herod. V. 3. 12.

27) Dio 78. 81 und 82 und Maorini vita 10. Macrinus — Julianum praefectum ad obsidiendos eos cum legionibus misit. Auch hier ist Dio genauer, der die Anwesenheit des Julianus in der Nähe von Emesa einem Zufalle zuschreibt.
28) Dio 78. 82. u. 38 u. Herod. V. 4. 8 u. 4. — 29) Herod. V 4 4. fin.
30) Dio 78. 34. Die Stelle ist verstümmelt und lautet so . . . . *Μαρκιανῷ . . . τω . . . Μακρῖνον . . . μενω . . . ἄλλους τέ τινας καὶ θυγατέρα τοῦ Μαρκιανοῦ γαμβρόν τε ἐφόνευσεν.*
31) Dio 78. 34. 1. *Κἂκ τῶν λοιπῶν στρατιωτῶν ἀθροίσας τινὰς ὡς δι' ὀλίγου προσέμιξεν (ὁ γὰρ Μάρκελλος ἐτεθνήκει), τοῦτον μὲν ἀπέκτεινε, αὐτὸς δὲ ἀτολμήσας περαιτέρω χωρὶς τοῦ Μακρίνου προχωρῆσαι μετεπέμψατο αὐτόν.* Die Stelle ist ebenfalls im Anfang verstümmelt. Der Zusammenhang ergiebt, daß ein General des Macrinus Führer der einen, und Marcionus der der anderen Partei war.
32) Herod. V. 4. 2. — 33) Dio 78. 34. 2. — 34) Dio 78. 84. 2 und 8. — 35) Dio 78. 34. 5. — 36) Dio 78. 34. 4. — 37) Dio 78. 34. 5. — 38) Dio 79. 4. 3. — 39) Dio 78. 84. 6.
40) Dio 78. 36. Der Brief des Macrin an Marius Maximus ist am Ende nur lückenhaft im Text erhalten, aber der Sinn ist klar: es waren Klagen über die bösen Zeiten, und der Ton des Ganzen der der Niedergeschlagenheit.
41) Dio 78. 37. — 42) Dio 78. 87. 2. — 43) Dio 78. 38. 2.
44) Dieß geht deutlich aus Dio 78. 88. 1 hervor, obgleich der Senat klug genug war, um den Vortheil der Regierung eines Macrinus gegenüber der eines Caracalla zu erkennen.
45) Dio 78. 87. 3. — 46) Dio 78. 38. 3.
47) Dio 78. 38. 4. *Τὸ δὲ δὴ στράτευμα αὐτοῦ ἀσθενέστατα ἠγωνίσατο.*
48) Dio 78. 37. 4. Herod. V. 4. 8. Dio sagt nicht ausdrücklich, daß in der Schlacht noch Leute aus Macrins Reihen übergingen. Herobian dagegen erwähnt, daß allein die Prätorianer tapfer für Macrin gefochten, die andern Truppen bald übergegangen seien. Da Dio vollständig erhalten ist, aber sehr kurz über die Schlacht berichtet, so kann Herobian's Bericht, der dem Dio's nicht wesentlich widerspricht, um so mehr als Ergänzung angesehen werden, als die in Syrien vor sich gehenden Ereignisse ihm in Alexandria leicht vollständiger zukamen als Dio.
49) Dio 78. 38. 4. — 50) Dio 78. 38 fin.
51) Dio 78. 27. 1. *Ὁ γὰρ Μακρῖνος ὑπό τε δειλίας ἐμφύτου (καὶ γὰρ Μαῦρος ὢν δεινῶς ἐδείμαινεν) — οὐκ ἐτόλμησε πολεμῆσαι* sagt Dio bei Gelegenheit von Macrins parth. Feldzug.
52) Herod. V. 4. 7. — 53) Herod. V. 4. 8. — 54) Herod. V. 4. 10. — 55) Dio 78. 89. 1. — 56) Dio 78. 89. 2. — 57) Dio 78. 89. 3. — 58) Dio 78. 89. 3—6. — Herod. V. 4. 11. — 59) Dio 78. 40. 3.

60) Dio 78. 39. 1. Καὶ ὁ μὲν οὕτως τῇ Ἰουνίου ὀγδόῃ ἡττηθεὶς — ἐπέθρα.
61) Dio 79. 1. 1.
62) Marini, Atti de' fratelli arvali Tav. 41. 6.
63) Dio 79. 2. 2. — 64) Dio 79. 1. 8. — 65) Dio 78. 37 2 und 79. 2. 1.
66) Dio 79. 2. 4—6. Diese lückenhafte Stelle enthält hinreichende Andeutungen, um das im Text Angenommene daraus zu entziffern, vgl. Herod. V. 5. 2.
67) Dio 79. 2. 6. — 68) Herod. V. 5. 1.
69) Die lange Liste der angesehenen Männer, welche vor Heliogabal's Ankunft in Rom theils noch in Syrien, theils in Nikomedia dem Tode anheimfielen, findet sich bei Dio 79. c. 3. 4 bis cap. 7. Im Texte sind eine Anzahl Morde, die besonders charakteristisch sind, hervorgehoben.
70) Dio 79. 5. 1—8. — 71) Dio 79. 7. — 72) Dio 79. 6. 2. — 73) Dio 79. 6. 3. — 74) Herod. V. 5. 6. — 75) Dio 79. 6. 3.
76) Dio 79. 7. Die zahlreichen Aufstände in Kleinasien zeigen, wie sehr alle Zustände erschüttert waren, wie die Disciplin aufgelöst war und was man von Heliogabal's Erhebung dachte. Wie wunderbar und allen Erfahrungen widersprechend muß sie den Menschen vorgekommen sein, da die unbedeutendsten Leute, selbst Centurionen das Gleiche zu erreichen sich einbilden konnten. Dio sagt: οὕτω γάρ που πάντω ἄνω κάτω συνεχύθη ὥστε ἐκείνους τὴν ἔφεσιν τῆς ἀρχῆς — ἐς τὸν νοῦν ἐμβαλέσθαι und später καὶ ἄλλοι τε πολλοὶ ἄλλοθι (sc. wagten nach dem imperium zu streben) ὥστε καὶ ἑτοιμότατον ἦν τοῖς βουλομένοις ἄρξαι, τῷ καὶ παρ' ἐλπίδα καὶ παρὰ τὴν ἀξίαν πολλοὺς τῆς ἡγεμονίας ἐπιβεβατευκέναι, νεωτερίσαι τολμῆσαι.
77) Herodian schildert V. 5. 8, wie Heliogabal seine Zeit in Nikomedia im Winter auf das Jahr 219 mit dem Dienste des syrischen Sonnengottes zubrachte. Was ihm im Text Schuld gegeben wird, ist sowohl durch die Art des syrischen Gottesdienstes, als durch das später in Rom Geschehene hinlänglich bestätigt.
78) Herod. V. 5. 5. u. Herod. V. 5. 7.
79) Dio 79. 3. 2. Herod. V. 5. 2. Ὁ δὲ Ἀντωνῖνος ἀπάρας τῆς Συρίας ἐλθὼν τε ἐς τὴν Νικομήδειαν ἐχείμαζε, τῆς ὥρας τοῦ ἔτους οὕτως ἀπαιτούσης. Da die Schlacht am 8. Juni 218 vorfiel und er den Winter in Nikomedia zubrachte, wo er auch das Consulat antrat (Dio 79. 8. 8: ὅτι τῇ ἐπινικίῳ στολῇ ὑπατεύων ἐν τῇ Νικομηδείᾳ ἐν τῇ τῶν εὐχῶν ἡμέρᾳ, οὐκ ἐχρήσατο), so fällt seine Ankunft in Rom in das Frühjahr 219.
80) Herod. V. 5. 8: Δοὺς δὲ τὰς συνήθεις τῷ δήμῳ νομὰς ἐπὶ τῇ τῆς βασιλείας διαδοχῇ φιλοτίμως τε καὶ πολυτελῶς ἐπιτελέσας παντοδαπὰς θέας u. s. w. Nach Herodian wäre also das beim Regierungs-

antritt Heliogabal's versprochene congiarium erst bei seiner Ankunft in Rom ausgetheilt worden, obwohl auch in Abwesenheit des Kaisers die Vertheilung geschehen konnte.

81) Herod. V. 6. 8. — 82) Heliog. vita 8. — 83) Dio 79. 11. 8. — 84) Heliog. 2.

85) Soämis war nicht bloß politisch thätig, sondern auch im Reich der Mode. Die schon in den Zeiten der Republik bisweilen vorgekommenen Versammlungen der Matronen auf dem Quirinalis fanden in der Kaiserzeit jedesmal statt, wenn einer Frau consularischen Ranges bei Vermählung mit einem Manne niedrigeren Ranges die Consularauszeichnung verliehen wurde. Davon ging Soämis aus, errichtete einen Weibersenat und gab darin Gesetze über die Art der Kleidung, die Etikette, die Arten des nach dem Rang gestatteten Gebrauchs von Wagen, Sesseln, Sänften, Zugthieren, über Schmuck und Schuhe u. s. w. v. Heliog. c. 4. Soämis konnte noch für jugendlich gelten, da sie 222 etwa 35 Jahre alt war, aber die Münzen von ihr zeigen wenig Schönheit. Sie hat dicke, wulstige, auf Sinnlichkeit deutende Lippen, die in geringerem Grade auch ihr Sohn hatte. Es ist ein Erbstück von Mäsa.

86) Heliog. 5. Dio 79. 8. 8. — 87) Herod. V. 6. 1. Dio 79. 9. 1.

88) Dieses Congiarium ist von dem Chronographen des Jahres 354 mit 250 Drachmen erwähnt. Die Münzen belehren uns aber, daß unter Heliogabalos 4 Congiaria vorkamen. Wir müssen daher annehmen, daß Dio und vielleicht der aus ihm schöpfende Chronograph nur das größte auch Geld abwerfende Congiarium. und Donativum erwähnt hat. Bei seinem Regierungsantritt mußte natürlich Heliogabal ein Donativum geben, das beim Aufstand schon versprochen wurde. Wurde dasselbe vielleicht auch erst bei seiner Ankunft in Rom ausgetheilt, so haben wir doch schon bei dieser Vermählung das zweite. Das erste erwähnt Herod. V. 5. 8: δοὺς τὰς συνήθεις τῷ δήμῳ διανομὰς ἐπὶ τῇ τῆς βασιλείας διαδοχῇ, das zweite, das wir auf die Vermählungsfeier beziehen, erwähnt eine Münze bei Eckhel VII. 248. Imp. Antoninus Pius Aug. (caput laureat). Lib. Aug. H. P. M. Tr. P. II. Cos. II. P. P. (imperat. congiario praesid.).

89) Dio. 79. 9. 2.

90) Alexandrinische Münzen von dem alexandrinischen Jahre, das mit dem 29. August 973 zu Ende ging, zeigen Cornelia Paulla noch als Augusta. Aber noch im selben Jahre 973, also nach dem 29. August, dem Beginn des alexandrinischen Jahres, erscheint Aquilia Severa als Augusta auf alexandrinischen Münzen.

91) Herod. V. 6. 2. — 92) Herod. V. 6. 2. f.

93) Die Münzen mit Lib. III. Aug. werden den Besen auf die Vermählung mit Aquilia Severa bezogen. Die späteren Vermählungen

sind zu ephemer, um dabei eine Liberalitas anzunehmen. Eckhel VII. 249.

94) Herod. V. 6. 2.

95) Dio 79. 5. 4. Ἀνεῖλε καὶ ἤγμεν αὐτήν (die Gemahlin des Pomponius Bassus) μηδὲ ἐκθρηνῆσαι τὴν συμφορὰν ἐπιτρέψας. Die Hinrichtung des Pomponius Bassus fällt, wie aus der Reihenfolge, in welcher sie Dio 79. 5 erwähnt, zu schließen ist, wahrscheinlich in die ersten Monate des Jahres 219. Da die vorgeschriebene Trauerzeit von einem Jahre Ende 219 oder 973 noch nicht vorüber war, so dürfen wir die Verstoßung der Aquilia Severa Ende 973 ansetzen, spätestens Anfang 974. Ueber Annia Faustina sagt Herod. V. 6. 2, daß sie von Commodus abstammt.

96) Dio 79. 9. 4.

97) Dieß geschah noch im Laufe des vom 29. August 973 bis zum 29. August 974 laufenden alexandrinischen Jahres, weil Münzen von Aquilia Severa aus dieser Zeit, also offenbar nach ihrer Verstoßung vorkommen. Von Annia Faustina sind Münzen sehr selten, woraus ihre baldige Verstoßung ersichtlich und die zwei andern von Dio erwähnten Frauen des Heliogabal waren so ephemer, daß wohl gar keine Münzstempel auf ihren Namen gefertigt wurden.

98) Die auf Münzen bei Eckhel erwähnte Liberalitas Aug. IV. kann vielleicht auf die Hochzeit mit Annia Faustina bezogen werden; doch ist dieselbe wahrscheinlicher auf die Vermählung des Sonnengottes Elagabal mit der Astarte von Karthago zu beziehen.

99) Dio 79. 12. 1.

100) Aus Dio 79. 12. 4 ergiebt sich, daß Elagabal anfänglich seinen Tempel auf dem Palatinus hatte, da es von der dem Elogabal zur Gemahlin gegebenen Urania heißt: καὶ ἐς τὸ παλάτιον μεθίδρυσεν und auch Herod. V. 6. 6 deutet das an, indem er sagt: ἐς ὃν (ναὸν) ἑκάστου ἔτους κατῆγε τὸν θεὸν ἐκμάζοντος θέρους und Herod. V. 6. 8. Τὸ ἄγαλμα τῆς Παλλάδος ἐς τὴν βασίλειον αὐλὴν τῇ θεῷ ἀνήγαγεν. Heliog. 8. Heliogabalum in Palatino monte juxta aedes imperatorias consecravit, eique templum fecit.

101) Herod. V. 6. 6. — Eckhel VII. 250—52. — 102) Dio 79. 11. Heliog. 3. — 104) Dio 79. 11. 4. cf. Eckhel l. l.

105) Herod. V. 6. 4. Φοίνικες δὲ Ἀστροάρχην ὀνομάζουσι, σελήνην εἶναι θέλουσι. Das ist die als der Zeugung feindlich aufgefaßte Mondgöttin Astarte. Anfangs hatte Heliogabal seinem Gotte die Pallas als Gemahlin bestimmt und zu dem Ende das Palladium in seinen Tempel gebracht. Herod. V. 6. 8.

106) Herod. V. 6. 5. — 107) Herod. V. 6. 5. f.

108) Herod. V. 6. 5. Die officiell anbefohlenen Festlichkeiten und die freiwilligen Sammlungen und Subscriptionen zur Beisteuer für

die Mitgift dürfen wir mit ähnlichen Vorgängen bei solchen Veranlassungen in unseren Tagen vergleichen.

109) Herod. V. 5. 6. — 110) Dio epit. 79. 11. 8. — 111) Herod. V. 5. 7. und 8.

112) Eckhel VII. 249. Imp. Antonin. Pius Aug. II. Liberalitas Aug. IV. (Liberalitas stans, in area astrum). Das Zeichen des Astrum weist die Liberalitas in die zwei letzten Jahre von Heliog. Regierung. Da wir von den großen Festlichkeiten bei der Tempelweihe auch sonst wissen, so ist eine Liberalitas dabei höchst wahrscheinlich.

113) Herod. V. 6. 9. und 10. — 114) Heliog. 22. — 115) Heliogab. vita 19—34. — 116) Heliog. 18. — 117) Heliog. 24. — 118) Heliog. 31. — 119) Dio 79. 13—17. — 120) Herod. V. 6. 10. 121) Herod. V. 7. 6. — 122) Heliogab. 12. — 123) Heliog. 27.

124) Herod. V. 6. 6. Euseb. Chronic. lib. II. ad annum Romae 972. Heliogabalum templum Romae aedificatum.

125) Heliog. 24. — 126) Heliog. 17.

127) Den Beweis führt Mommsen, Gesch. des römisch. Münzwesens in dem Abschnitt über den Verfall der Silbermünze.

128) Dio 79. 17. 1. Herod. V. 7. 1. — 129) Herod. V. 7. 2. — 130) Dio 79. 15. 4. — 131) Herod. V. 7. 3 und 4. Dio 79. 17. 2. — 132) Dio 77. 7. — 133) Dio 79. 19. 1. Herod. V. 8. 1. und 2. — 134) Herod. V. 8. 4.

135) Herod. V. 8. 2 und 3. Die Chronographen sind alle einstimmig in der Angabe, daß die Hofdienerschaft Alexander's und Mamäa's aus Christen bestand. Allerdings geschieht es bei Gelegenheit der von Maximinus im Jahr 235 angeordneten Christenverfolgung, welche von der Verfolgung der familia des Severus Alexander ausging. Wenn wir uns schon in dieser Zeit uns zu der Annahme veranlaßt sehen, unter den Sklaven Mamäa's Inden und Christen aus Syrien, und Leute, die sich deren religiösen Ansichten zuneigten, zu sehen, so werden wir nichts zu Gewagtes behaupten, da Mamäa schon 218 (cf. Euseb. Hist. eccles. VI. c. 22) mit Origenes in Beziehung trat. Treue und Hingebung ist außer bei der christlichen Bevölkerung in dieser Zeit eine seltene Tugend gewesen. Leo gramm. Chronog. p. 73. sub Maximino. — Orosius VII. 19. — Georg. Cedren. ιστωρ. συνοψις p. 256. D. — Euseb. chron. ad. a. Romae 990. — Michael Glykas pars III. p. 248. — Syncellus ad ann. mundi 5715.

136) Herod. V. 8. 3. — 137) Heliog. 15. Herod. V. 8. 4 und 5. — 138) Heliog. 15. 139) Heliog. 18. — Dio 79. 19. 1. — 140) Heliog. c. 14. — 141) Dio 79. 19. 2. Heliog. c. 15. — 142) Dio 79. 19. 3. — 143) Heliog. 15. — 144) Dio 79. 19. 4.

145) Heliog. 15. Die Opfer und Gebete mit Gelübden auf dem Capitolium fanden immer am 3. Januar statt.

146) Dio 79. 21. 1. — 147) Heliog. 16. — 148) Dio 79. 2. 1. Heliog. 16 fin. und 17. — 149) Herod. V. 8. 6. — 150 a) Dio 79. 20. 1. vide N. 148. — 150 b) Herod. V. 8. 6. — 151) Dio 79. 20. 1. — 152) Herod. V. 8. 7. — 153) Herod. V. 8. 8. — 154) Dio 79. 20. 2. — 155) Dio 79. 21. 1. — 156) Dio 79. 21. 2.

157) Nach den übereinstimmenden Angaben Dio's a) seiner Epitomatoren b) und der aus ihnen schöpfenden christlichen Chronographen c) brachte es Heliogabal zu einer Regierungszeit von 3 Jahren 9 Monaten und 4 Tagen, wenn man, wie Dio ausdrücklich hinzufügt, vom 8. Juni, dem Tage der Niederlage des Macrinus, zählt. Darnach fällt Heliogabal's Ermordung auf den 11. März 222.

Die griechische Inschrift auf der Cathedra des Hippolytus d) beweist auch, daß Severus Alexander am 13. April seine Regierung schon angetreten hatte. Dasselbe geht aus einer lateinischen Inschrift, datirt vom 13. April hervor, da in derselben Alexander allein als Consul aufgeführt ist e). Dies geschah nach dem Senatsbeschluß, welcher Heliogabal's Name aus den fasti zu tilgen befahl f).

Zwei andere Inschriften g), die eine vom 11. März, die andere vom 13. April, können als Beweis nicht wohl für diese Frage beigezogen werden, indem beide den Heliogabal und Alexander noch mit einander als Consuln des Jahres aufführen, obgleich Heliogabals Name mindestens in der zweiten vom 13. April nicht mehr beigesetzt sein sollte, wenn man auch annehmen will, daß in der ersten Heliogabal's Name der Zerstörung zufällig entging. Denn am 11. März, dem Todestag nach Dio, konnte eine Widmungsschrift Heliogabal gewiß noch als Consul aufführen, da noch kein Senatsbeschluß dagegen vorhanden war. Auch rührte man nicht gern an Widmungsinschriften auf religiösen Denkmalen. Unter allen Umständen sollte Heliogabal's Name in der Inschrift vom 13. April fehlen, da er auf keinen Fall damals noch officiell als Consul angeführt werden konnte. Daß es doch geschah, mag daher herrühren, daß die ganze Inschrift vom Steinmetzen schon vor Heliogabal's Tod oder vor jenem Senatsbeschluß angefertigt war und bei der Setzung des Steins nur noch das eigentliche Datum hinzugefügt wurde. Zudem ist es eine von Heliogabal ausgehende religiöse Widmungsschrift, und der man der religiösen Gewissenhaftigkeit wegen seinen Namen nicht entmeißeln durfte.

Wenn sonach die Inschriften der Annahme des 11. März als Todestag Heliogabal's nicht widersprechen, so ist es anders mit einer Nachricht aus der vita Severi Alexandri cap. 6, wo von einer Senatssitzung nach den Acta urbis ante diem pridie Nonas Martias, d. i. vom 5. März berichtet wird, aus der hervorgeht, daß damals Heliogabal erst seit kurzer Zeit ermordet worden sein konnte. Nach den acta urbis müßte man also Heliogabal's Tod vor dem 5. März ansetzen.

Zu dieser Nachricht würde die Angabe des Chronographen vom Jahr 854 stimmen, wenn seine Angaben hinlänglich sicher verbürgt wären. Denn er gibt Heliogabal eine Regierungszeit von sechs Jahren acht Monaten und achtzehn Tagen h). Vom 16. März, dem Beginne von Heliogabal's Aufstand an, ergäbe das den 2. Februar als Todestag, vom 8. Juni (wie Dio rechnet) an gezählt, den 26. Februar.

Könnte man die Inscriptiones und Subscriptiones des Codex Justinianeus als Quelle zur Kenntniß des Todestags von Heliogabal beiziehen, so würde lex 3 im 9. Buch Tit. 1 mit der inscriptio Imp. Alexander A. Rufo und der subscriptio P. P. III. Non. Februar. Alexandro A. Cos. mit dem Chronographen übereinstimmen, da sie Heliogabal's Tod vor den 8. Februar zu setzen zwänge. Allein die inscriptiones und subscriptiones des Codex sind eben so wenig eine sichere historische Quelle als der Chronograph i). Dieser letztere ist handschriftlich schlecht überliefert. Seine Angabe über die Regierungszeit Heliogabal's ist hinsichtlich der Jahre falsch, und wenn wir seine Angaben über die Regierungszeit der Kaiser von Commodus an mit denen Dio's vergleichen, so finden wir überall wesentliche Abweichungen von Dio, die zu Ungunsten des Chronographen sprechen, da eine oder die andere Angabe Dio's auch sonst sich als richtig erweisen läßt. An der Möglichkeit freilich, daß der Chronograph Richtiges überliefern könne, ist nicht zu zweifeln, da er aus Hippolytus Chronik, also aus einem Zeitgenossen schöpft. Aber diese Möglichkeit wäre für uns nur vorhanden, wenn sein Text sich eben so genau herstellen ließe k), wie der durch seine Epitomatoren beglaubigte des Cassius Dio. Es bleibt also schließlich nur die Wahl zwischen Dio's sicher beglaubigter Angabe und derjenigen der acta urbis, welche in den Scriptores historiae augustae erhalten ist. Obwohl die acta urbis authentische Nachrichten geben können, so möchten wir uns bei der mangelhaften, ursprünglich nur auf einer verwahrlosten Handschrift beruhenden Textesgestalt, ihren Angaben nicht zuwenden. Vielmehr scheint uns ante diem pridie Nonas Martias durch Corruptel der Handschrift aus dem ursprünglichen ante diem pridie Idus Martias entstanden zu sein. Dann fiele die Senatssitzung auf den 13. März und der Annahme des 11. März als Todestag steht nichts mehr im Wege.

a) Dio 79. 3. 3. Ἔτεσι τρισὶ καὶ μησὶν ἐννέα ἡμέραις τε τέτρασιν, ἐν αἷς ἦρξεν, ὡς ἄν τις ἀπὸ τῆς μάχης ἐν ᾗ τὸ παντελὲς κράτος ἔσχεν ἀριθμήσειεν. Die Handschriften geben τουτοισι τρια και εν μ. ε. ἡμέραις τε τετρασιν. Die Richtigkeit der daraus für den Text entnommenen Lesart erhellt aus Xiphilinus und Zonaras.

b) Xiphil. lib. 79. initio Καί τοι τρισὶν ἔτεσιν ἐννέα μησὶν ἡμέραις τε τέσσαρσιν ἔρξας. vergl. Zonar. XII. 14.

c) Cedrenus Annal. ed. Xylander p. 210. Dieselbe Zahl mit

Auslassung der Tage gegen Glycas, Eutychius patriarcha und Leo grammaticus.

d) Ἔστι ὁ βασιλεὺς Ἀλεξάνδρου αὐτοκράτορος ἡμέτοι ἢ ἐν τοῖς πάσχα εἴδοις Ἀπριλίοις.

e) Orelli Inscript. lat. 956. Imp. Caes. M. Aur. Severo. Alexandro. || Cos. Eidib. Aprilibus Concilium Conventus Cluniabensis. || etc.

f) Severi Alex. vita 1. Hoc nomen (sc. Antoninum) ex annalibus senatus auctoritate erasum est.

g) Gruter p. 1082. Collocata V. Idus Mart. || Imp. Caes. M. Aurelio Antonino || Pio Felice Aug. IIII. Et Cos. || M. Aur. Alexandro Nobilissimo Caes.

p. 85. 2: Serapi sacr. || Imp. Caes. M. Aurel. || Antoninus Aug. || Pius Felix Cos. IV. || P. P. (a tergo lapidis) Dedic. Id. Apr. || Imp. Caes. Ant. Pio IIII. Et || M. Aur. Alexandro Cos.

h) Chronog. v. Jahr 354. Sächs. Gesellsch. d. Wiss. Bd. II. p. 647: Antoninus Eliogabalus imper. ann. VI. m. VIII. dies XVIII. Es ist leicht möglich, daß die Ziffer VI. aus III. so entstand, daß der zweite Strich der Ziffer etwas schief stand und mit dem ersten zusammen als V gelesen wurde.

i) Ueber die inscriptiones und subscriptiones des codex vergl. die Vorrede der Ausgabe des Codex von Kriegel und Herrmann p. XXI. IV. Daraus geht hervor, daß schon zur Zeit als der Cod. Theodos. gesammelt wurde, die Juristen oft nicht sicher die leges den einzelnen Kaisern zuzutheilen wußten. Noch schwieriger muß das zur Zeit des Justinian gewesen sein und außerdem sind in den Handschriften die inscriptiones und subscriptiones, besonders aber letztere sehr vernachlässigt, so daß sie nicht wohl als sichere Quelle dienen können. Der Umstand, daß Heliogabal noch in drei leges (nämlich IV. 24. 2; IV. 24. 5 und V. 12. 3) als Consul aufgeführt wird, hat keine Bedeutung, da der Name nur durch Zufall stehen geblieben sein kann, da ja die Herausgeber des codex wußten, daß Heliogabal's Name aus den Fasten gestrichen worden war. Wohl aber könnte die inscriptio Imp. Alexander Aug. auf allen 28 leges des codex aus dem Jahr 222 uns bestimmen zu glauben, daß sie von Alexander als Kaiser ausgegangen seien. Aber über die dazu gehörige subscriptio und ihre Glaubwürdigkeit sind wir dann noch immer nicht vergewissert. So gut als heute noch, kann auch zur Zeit der Sammlung des codex die inscript. durch die subscriptio und umgekehrt, wo sie fehlte, zu ergänzen versucht worden sein. Die Zeitangaben im codex müssen daher als nicht geeignet zur Bestimmung chronologischer Fragen bei Seite bleiben.